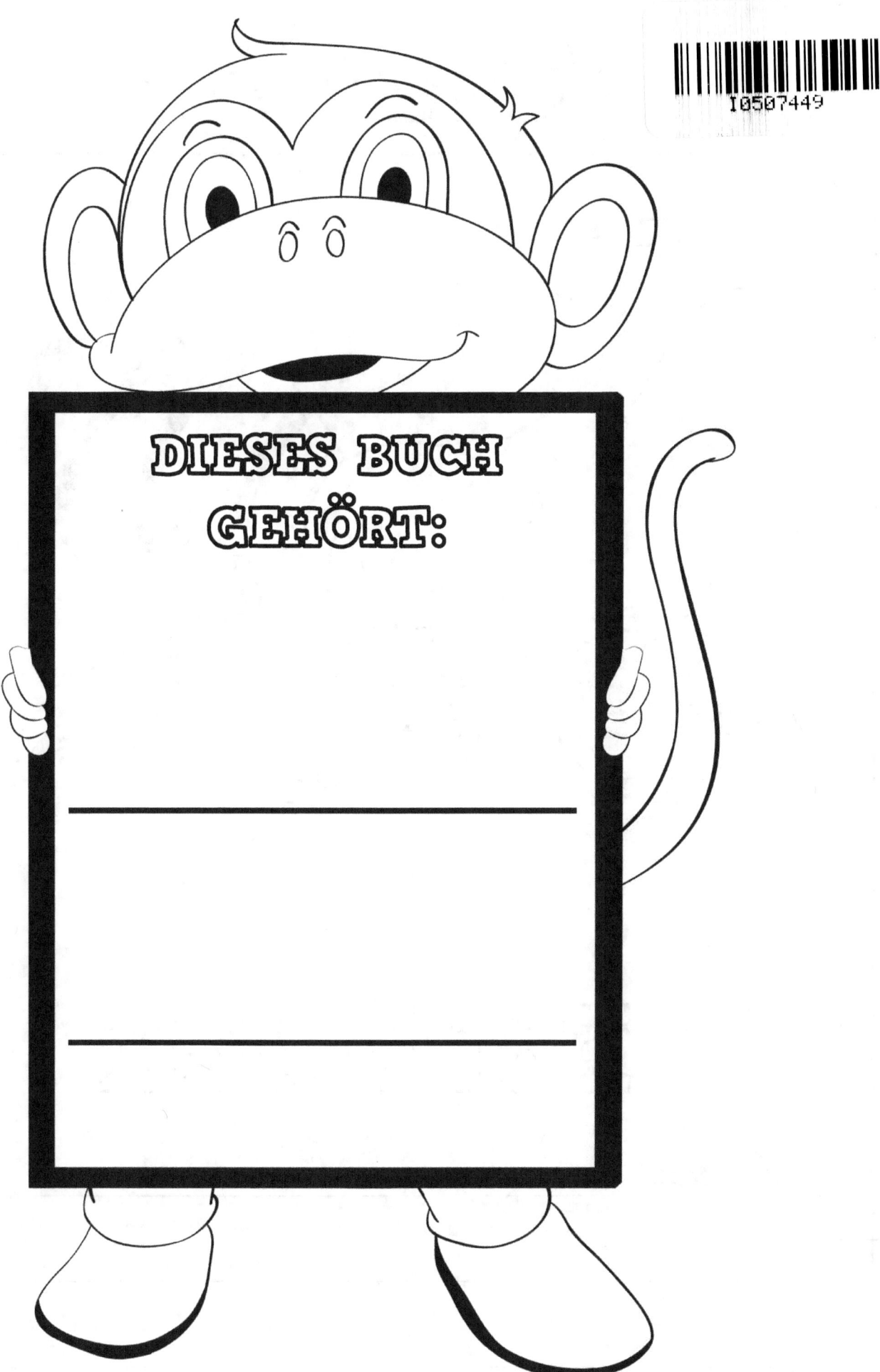

Ameise

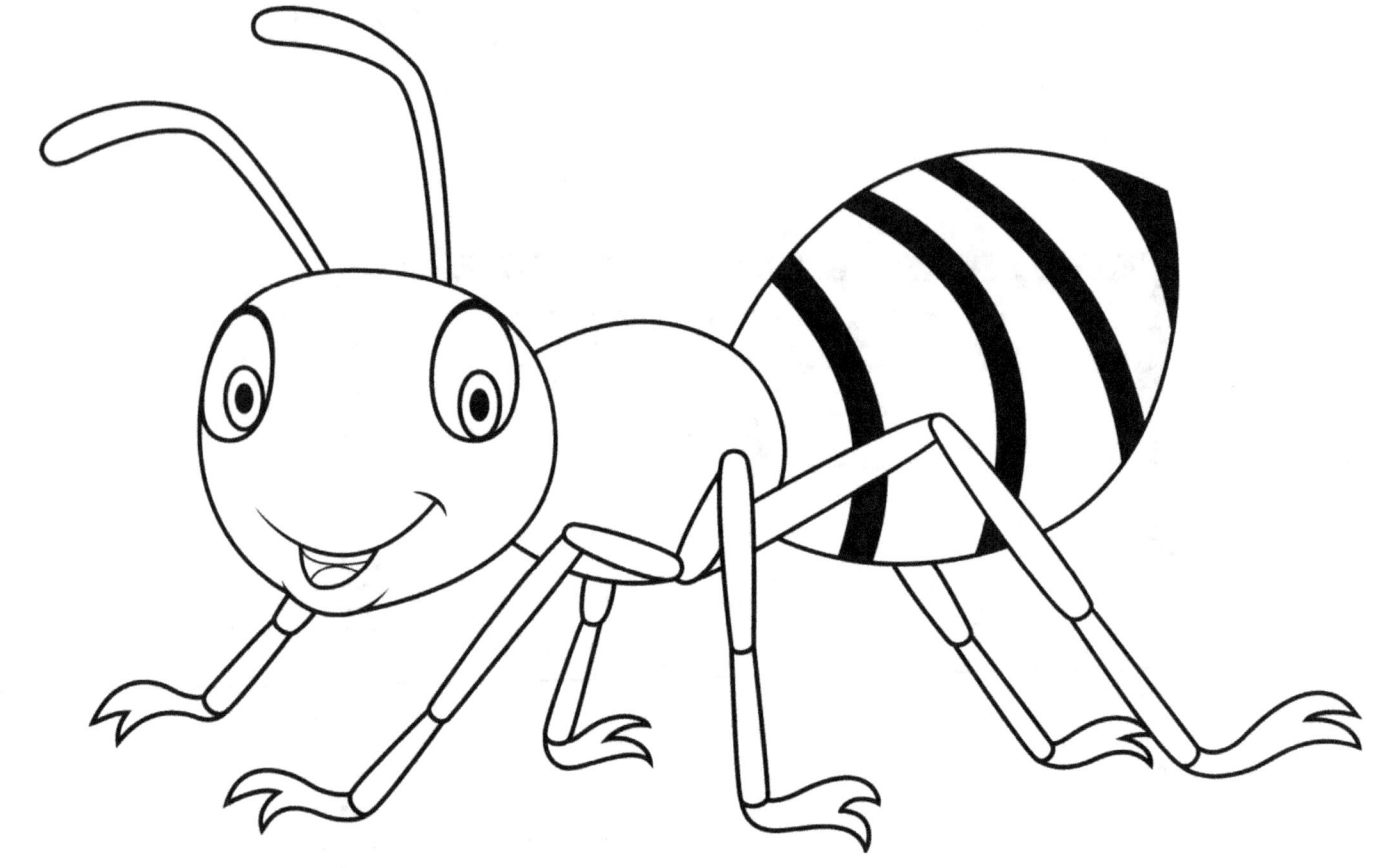

Formica

Formica
_____

_____

_____

Apfel

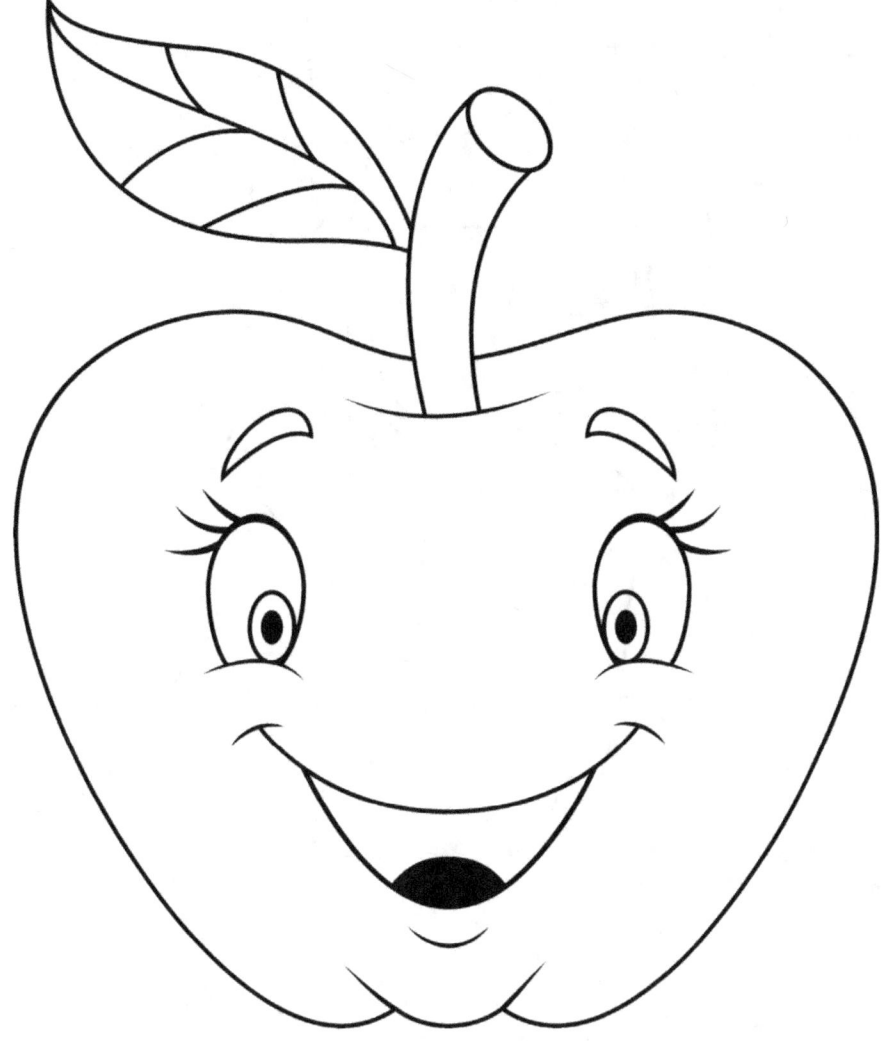

Mela

Mela

Raumfahrer

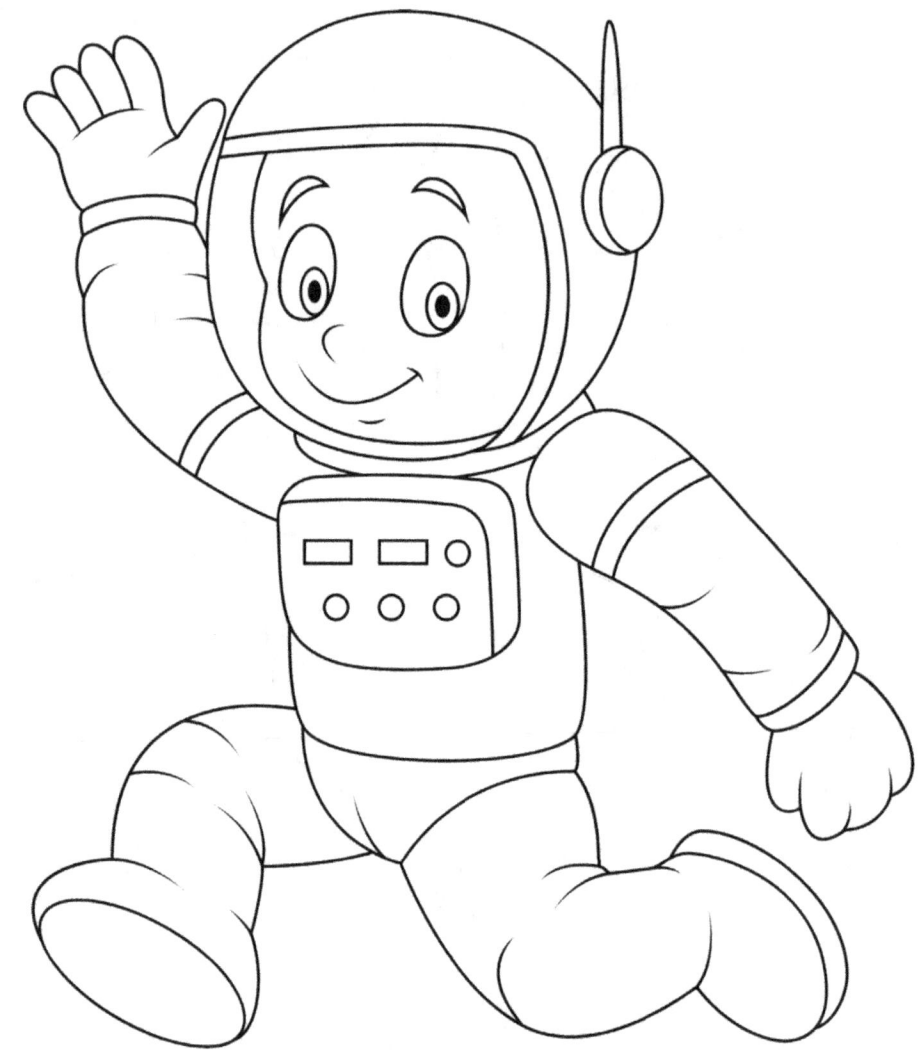

Astronauta

Astronauta
_____
_____

Banane

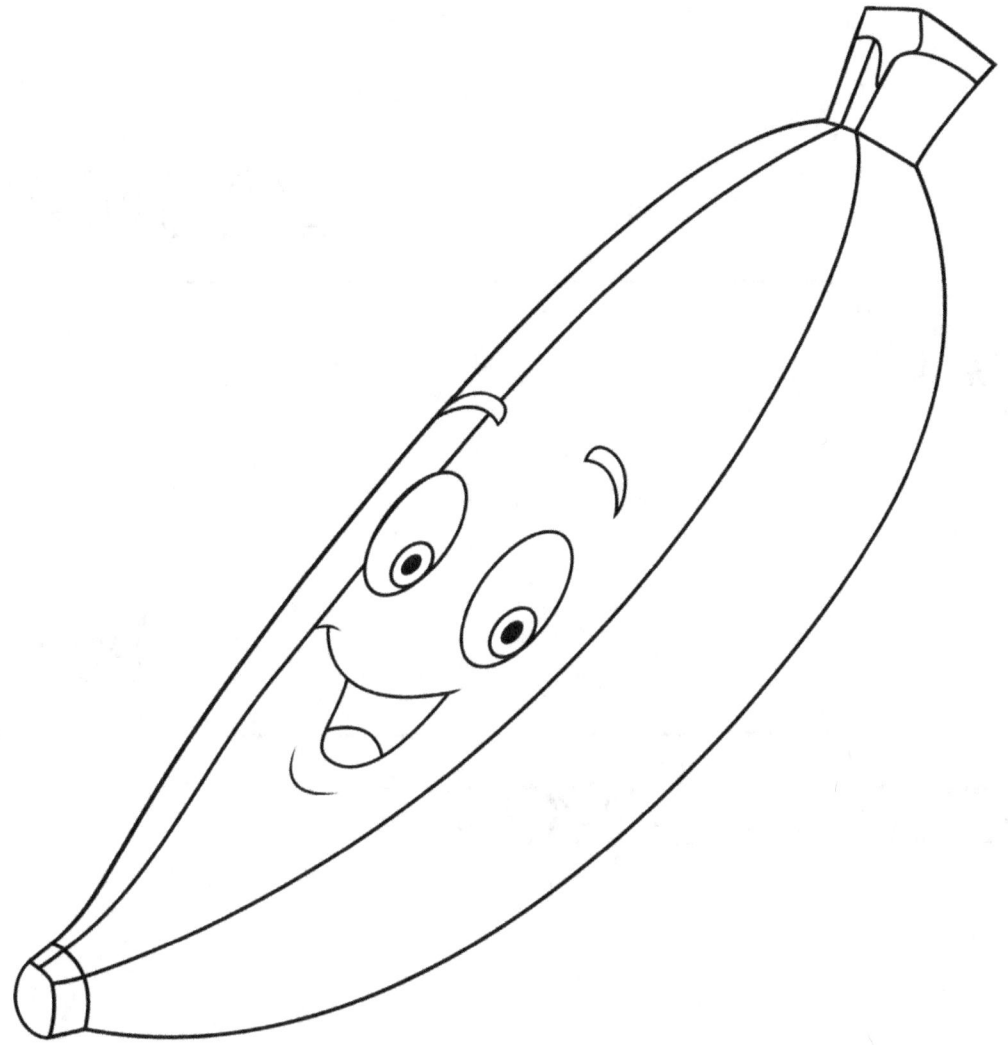

Banana

Banana
_____

_____

_____

Ameise

_o_mica

Apfel

Me__

Raumfahrer

Ast_on_uta

Banane

_a_ana

Bär

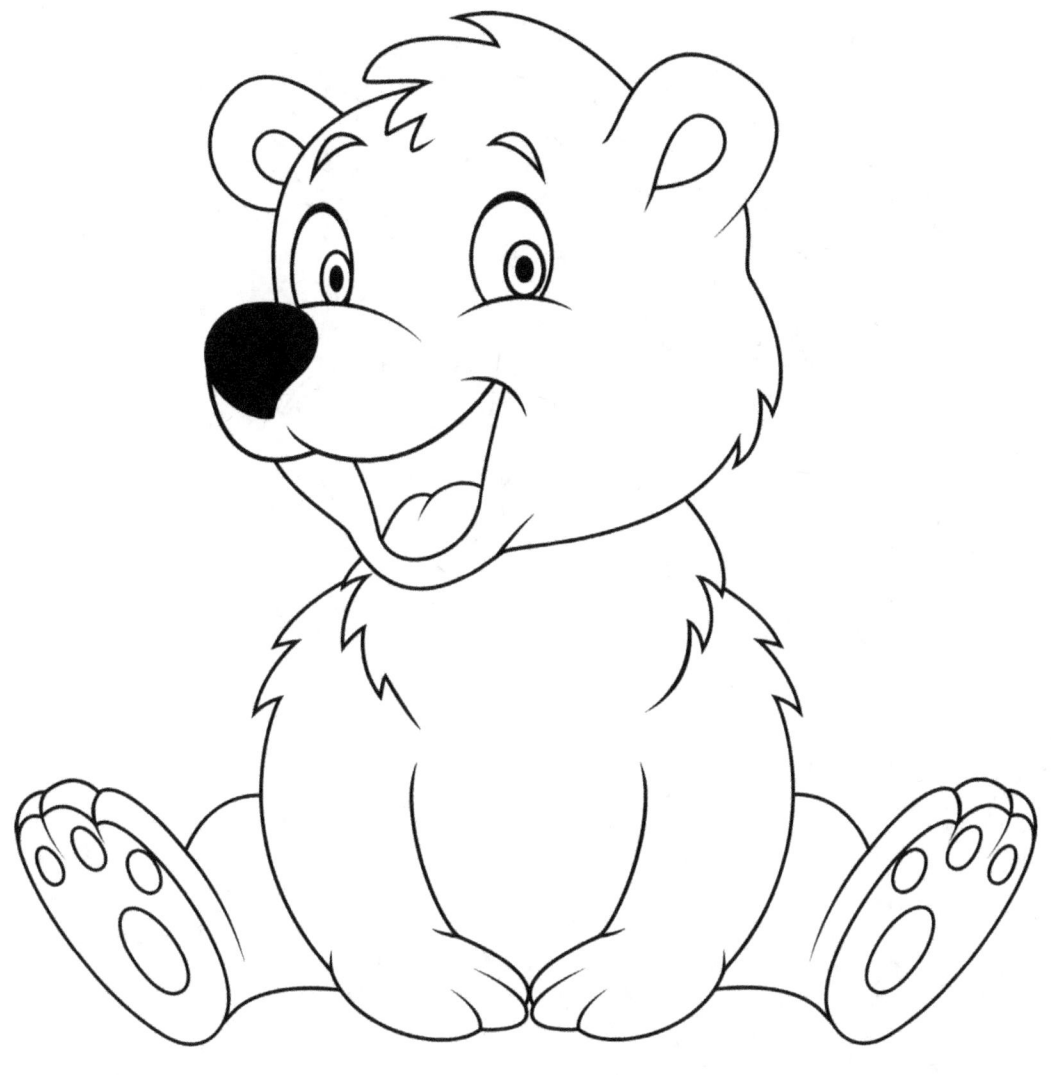

Orso

Orso

Buch

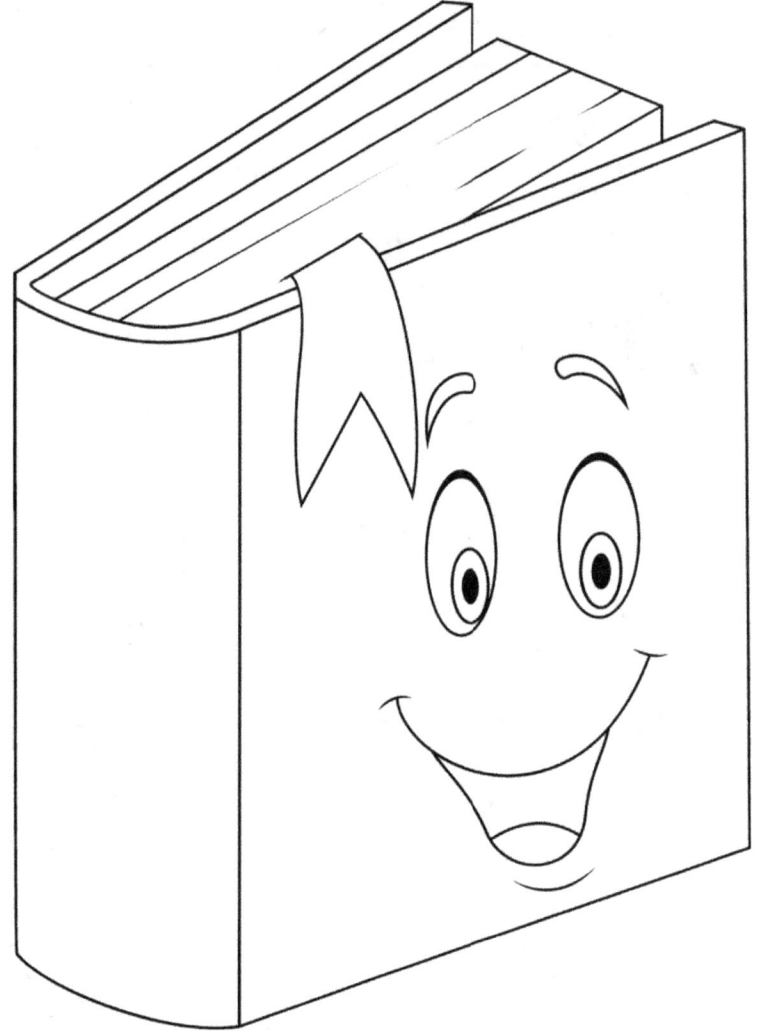

Libro

Libro

Auto

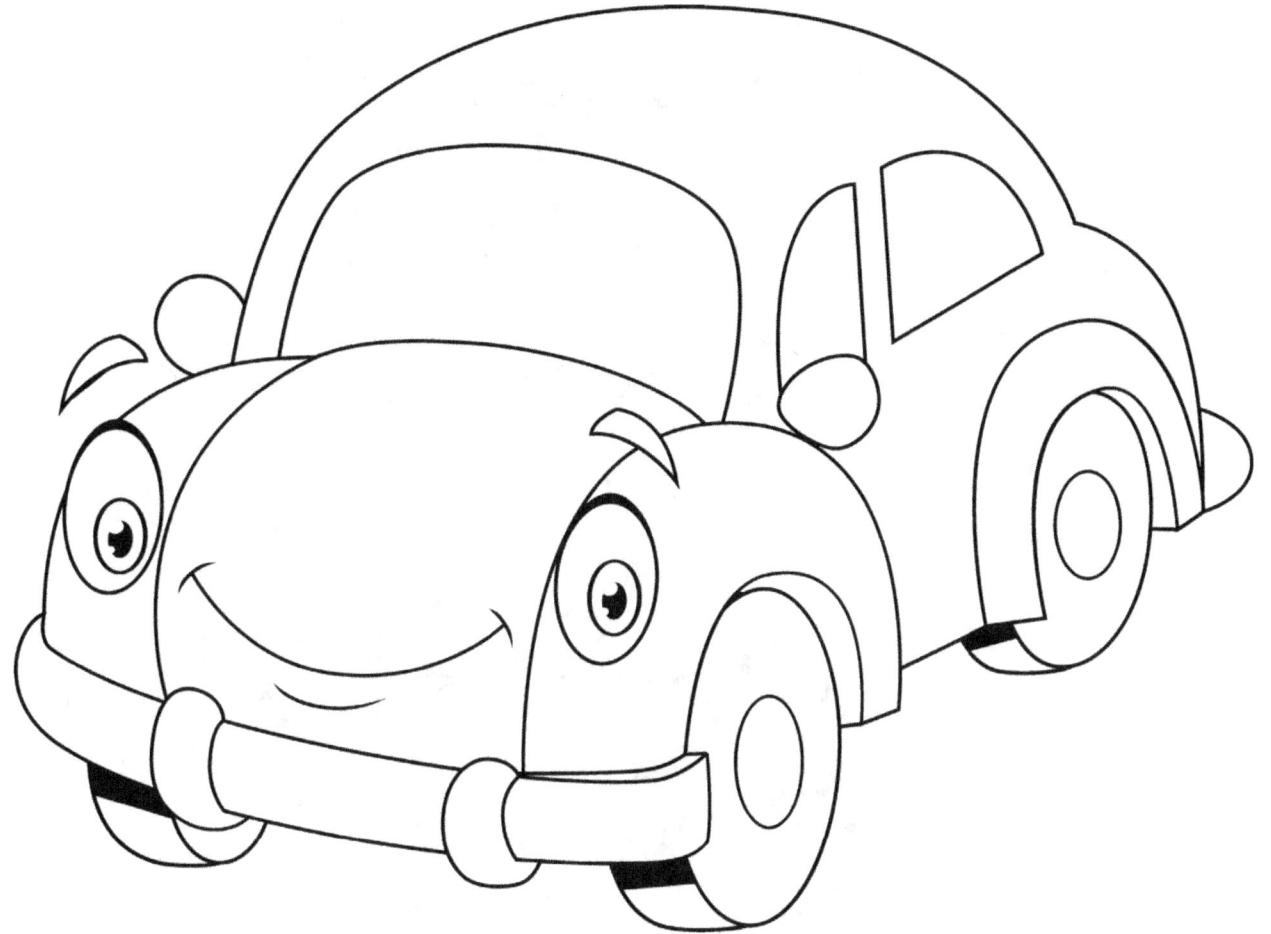

Automobile

Automobile

Katze

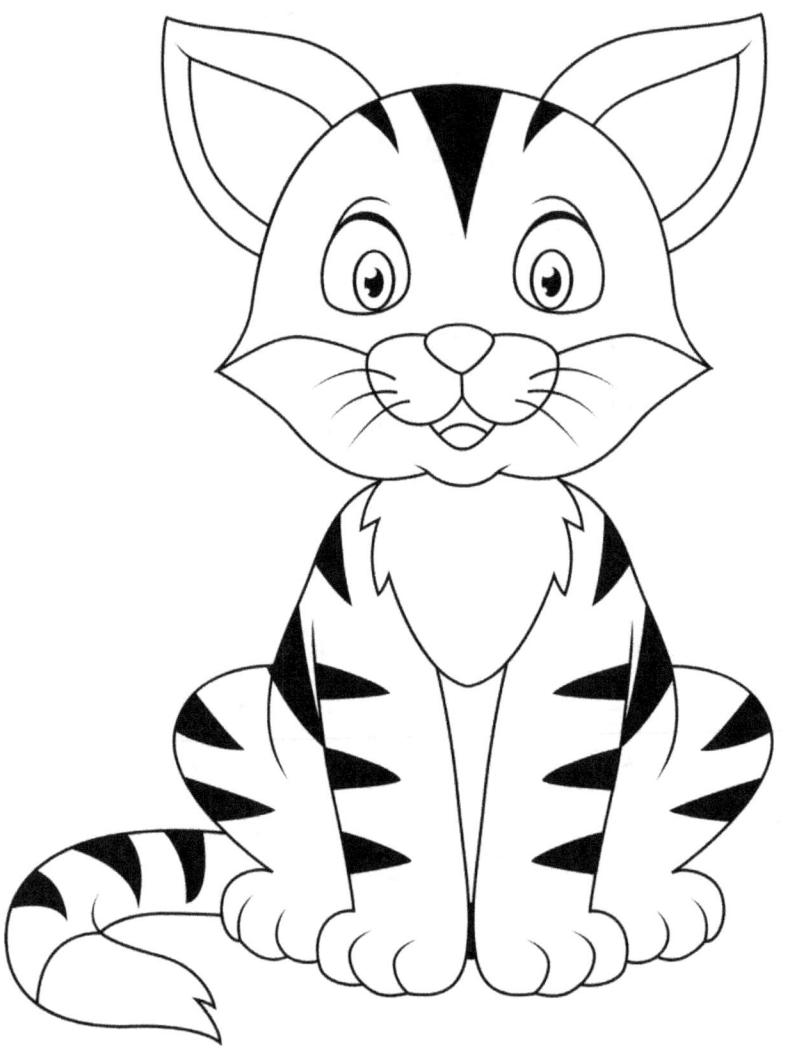

Gatto

Gatto

Bär

O_ _o

Buch

Li_ _o

Auto

Au_omobil_

Katze

G_tt_

Mais

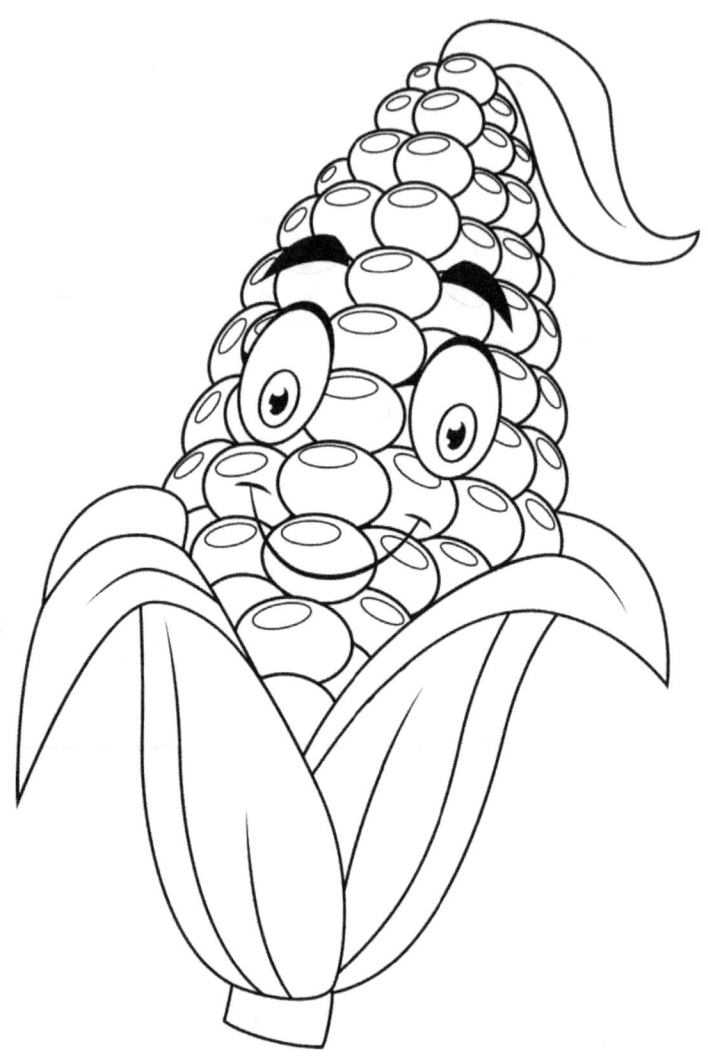

Granturco

Granturco
_____

_____

Hund

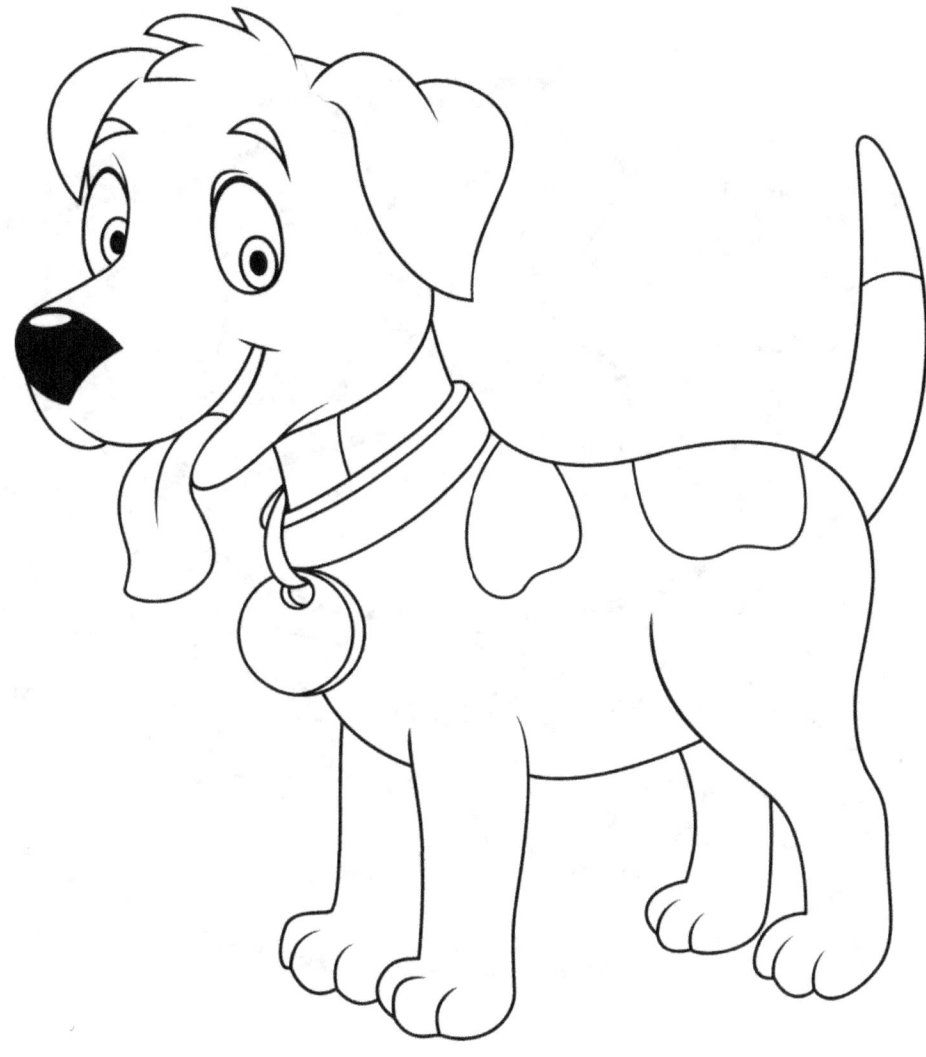

Cane

Cane
_____

_____

_____

Donut

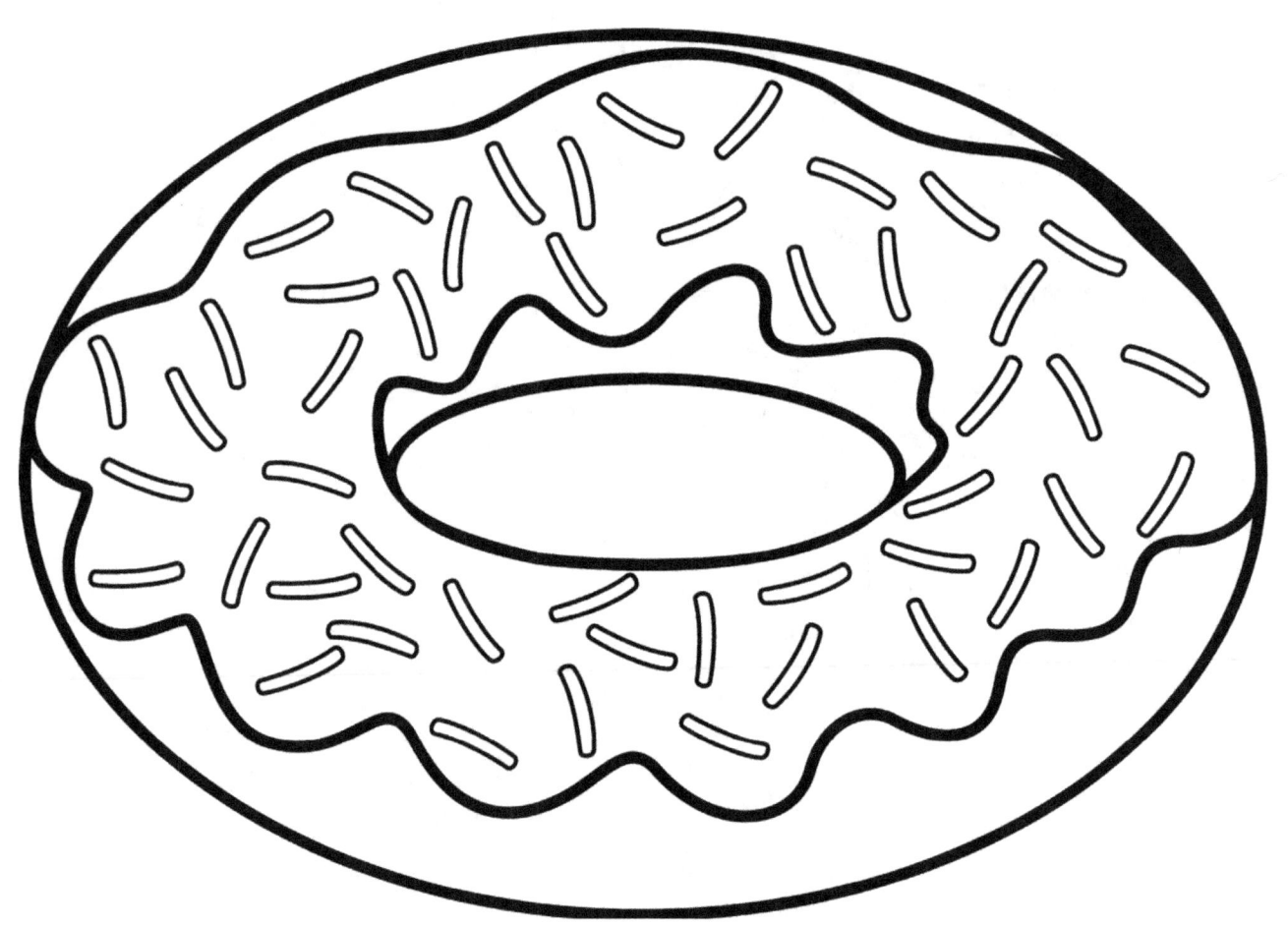

Ciambella

Ciambella

Trommel

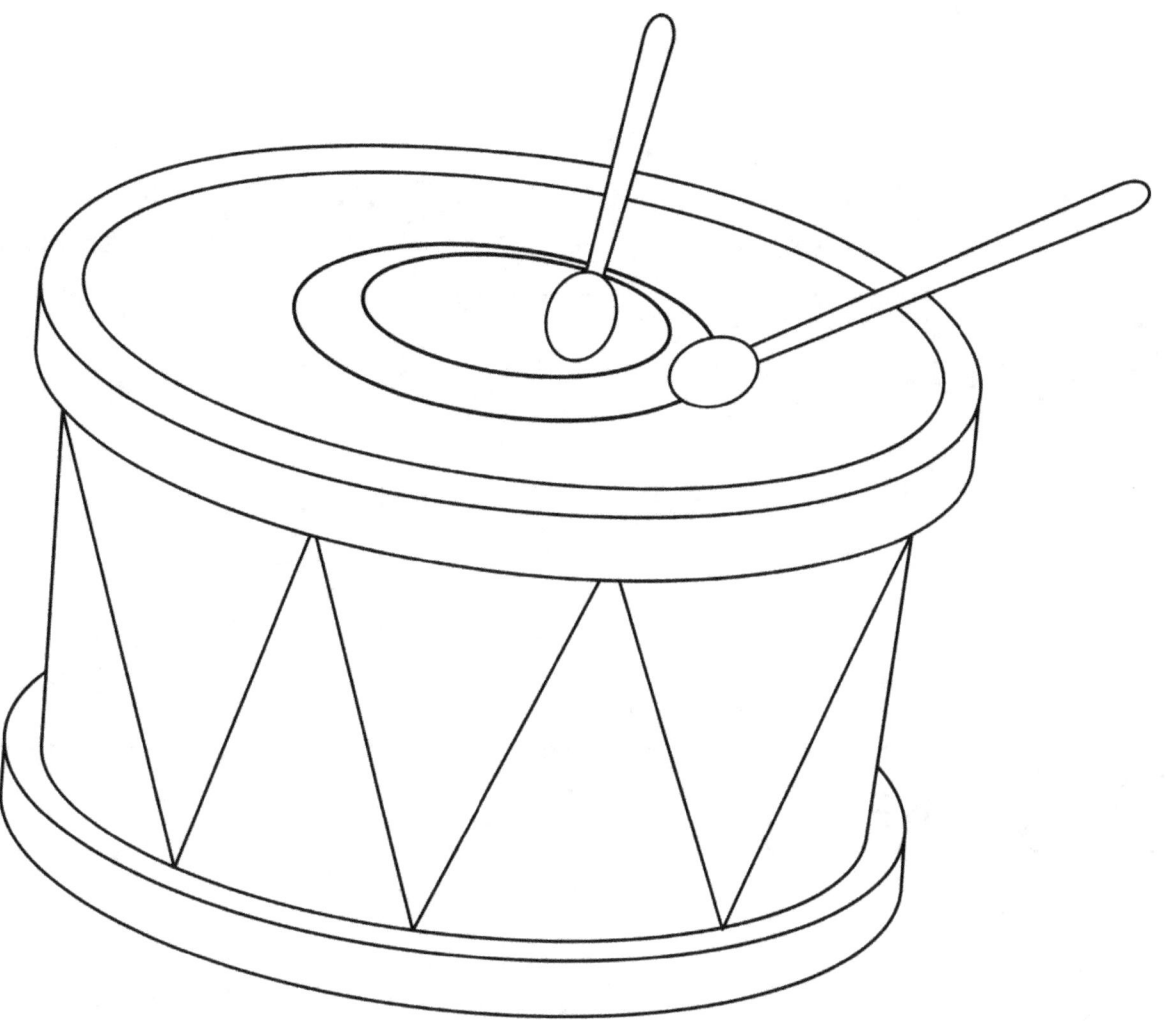

Tamburo

Tamburo

Mais

Grantu__o

Hund

Ca_e

Donut

Ciamb__la

Trommel

_amb_ro

Schnecke

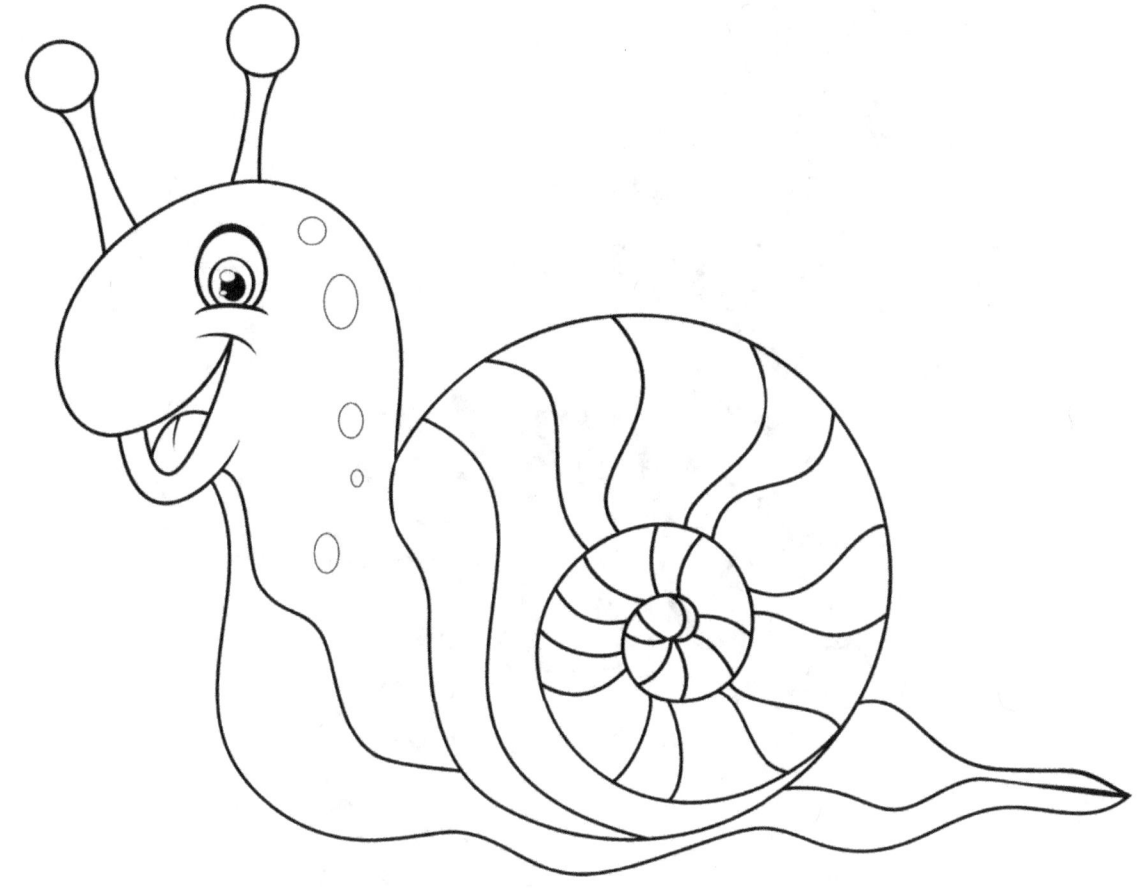

Chiocciola

Chiocciola

Zebra

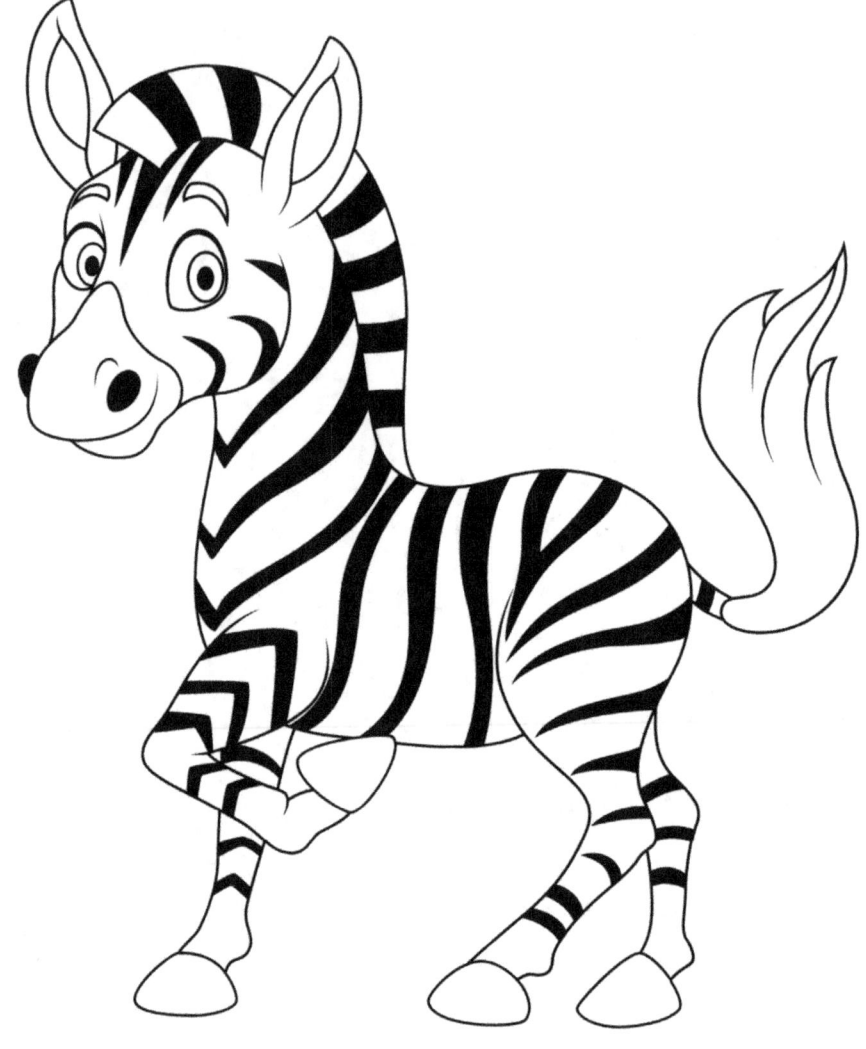

Zebra

Zebra
_____

_____

_____

Elefant

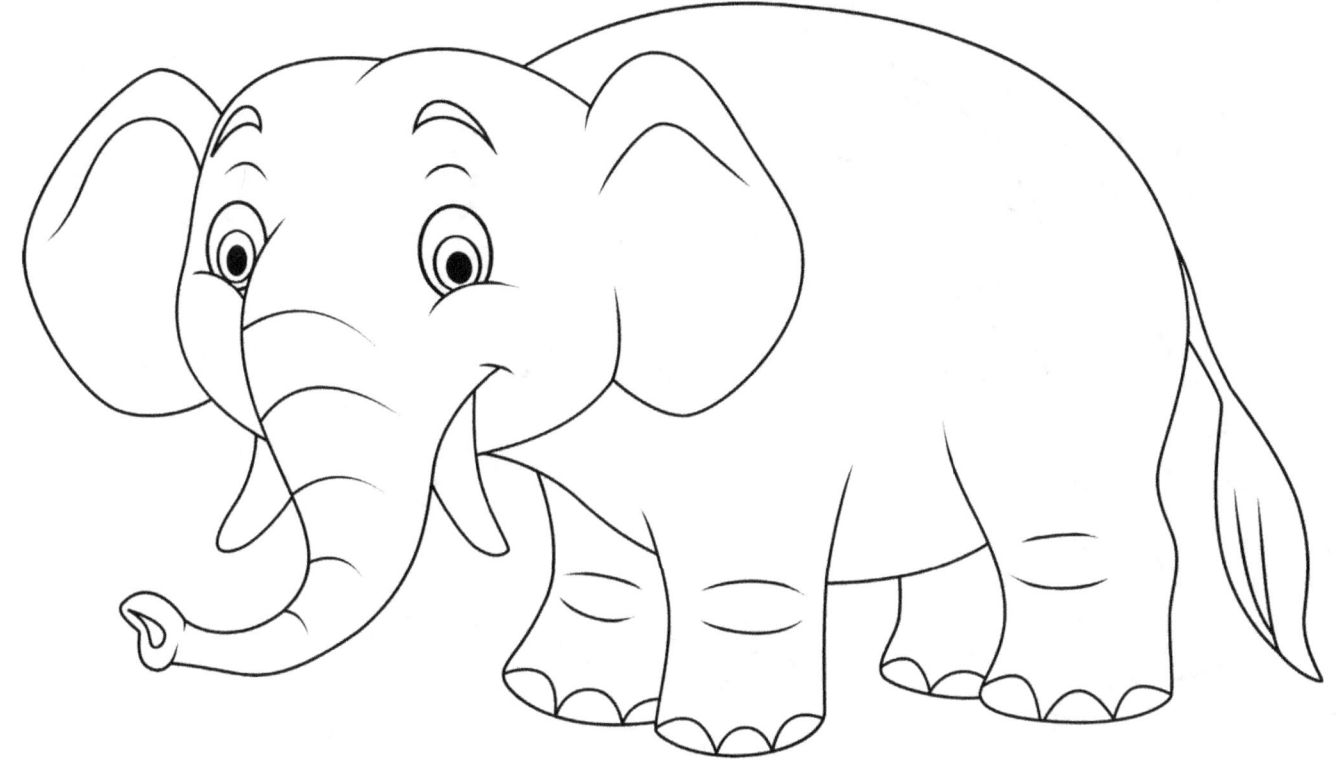

Elefante

Elefante

Fisch

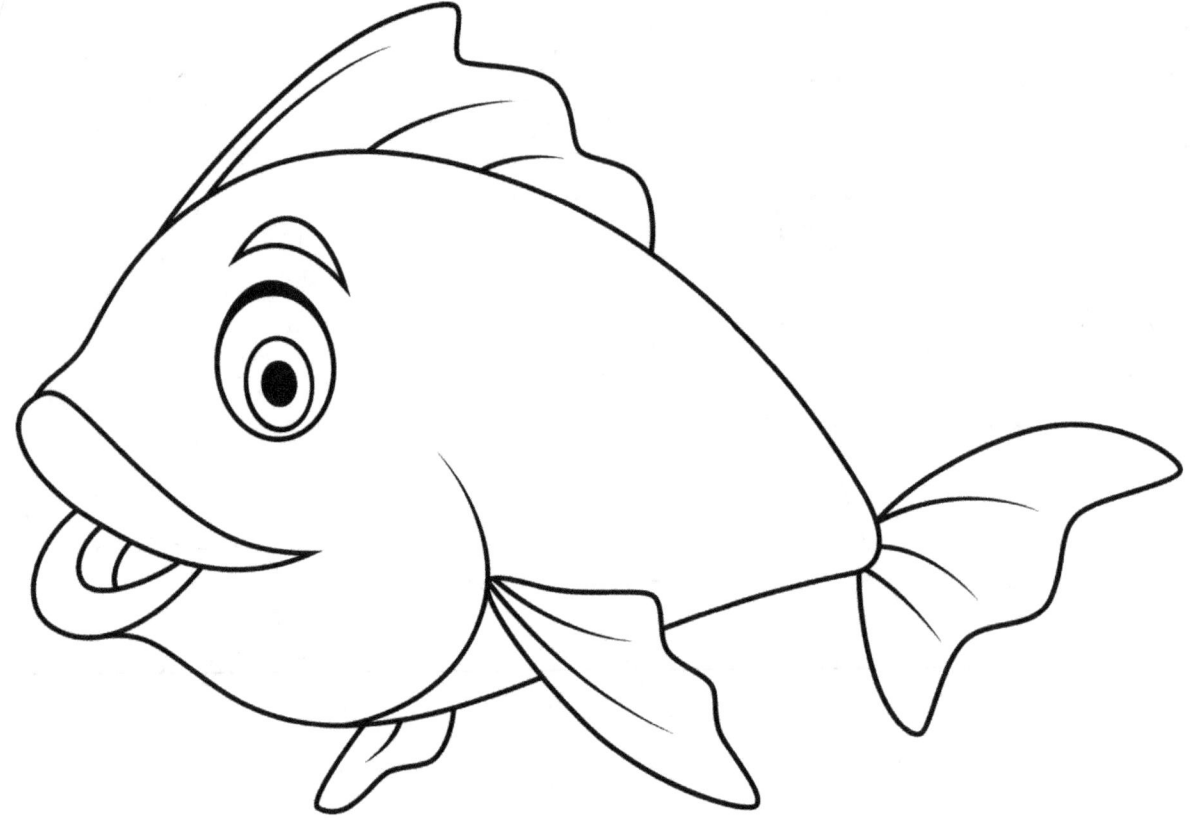

Pesce

Pesce
_____
_____
_____

Schnecke

hiocciol

Zebra

Ze__a

Elefant

Elef_n_e

Fisch

_esce

Blume

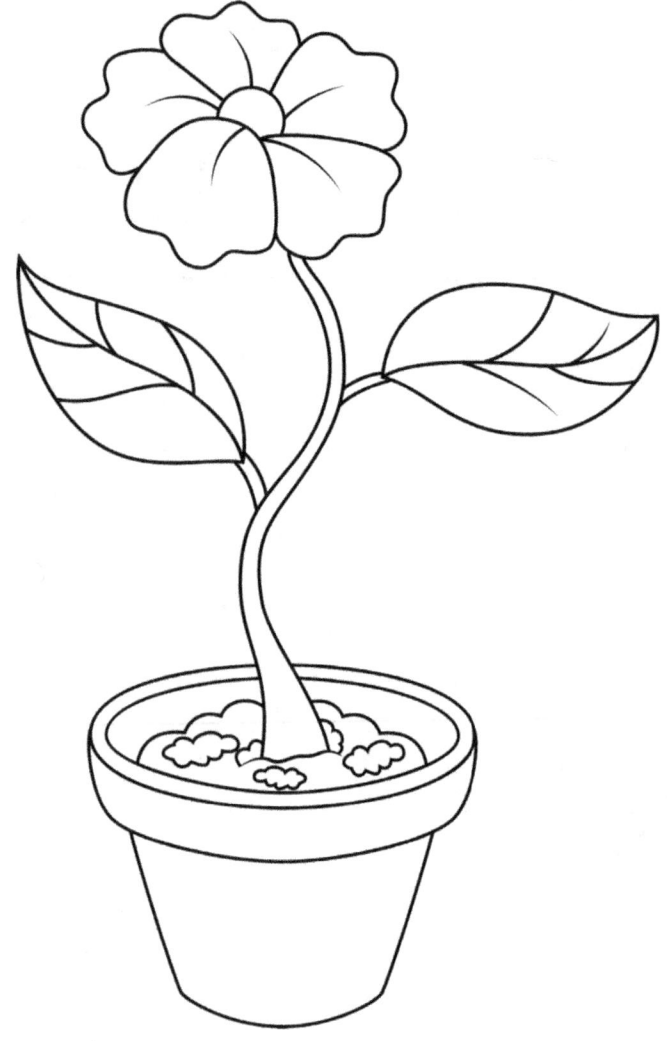

Fiore

Fiore

Fuchs

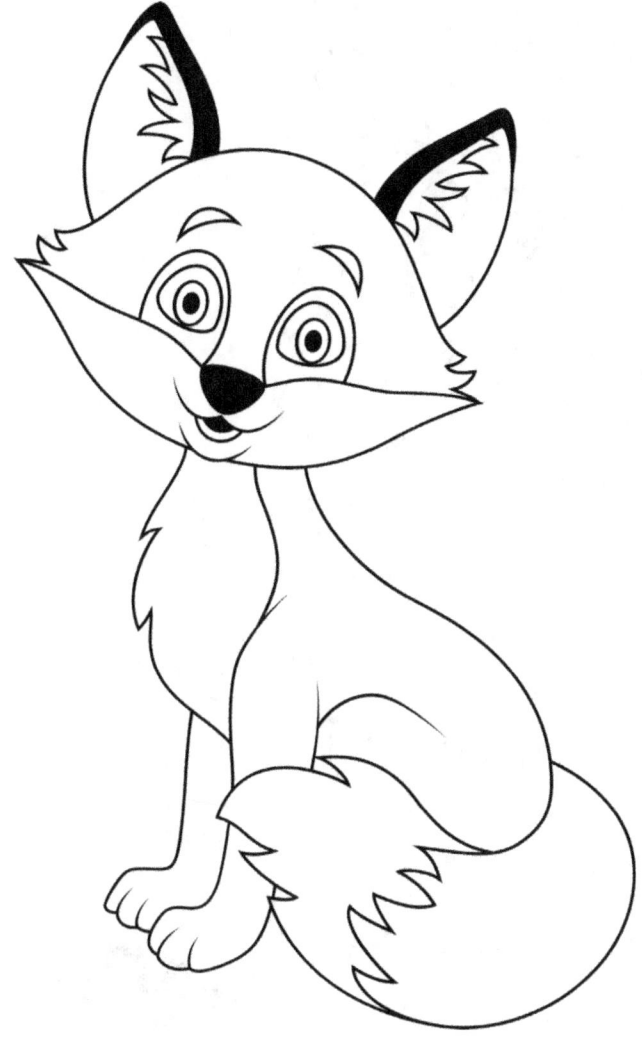

Volpe

Volpe

Giraffe

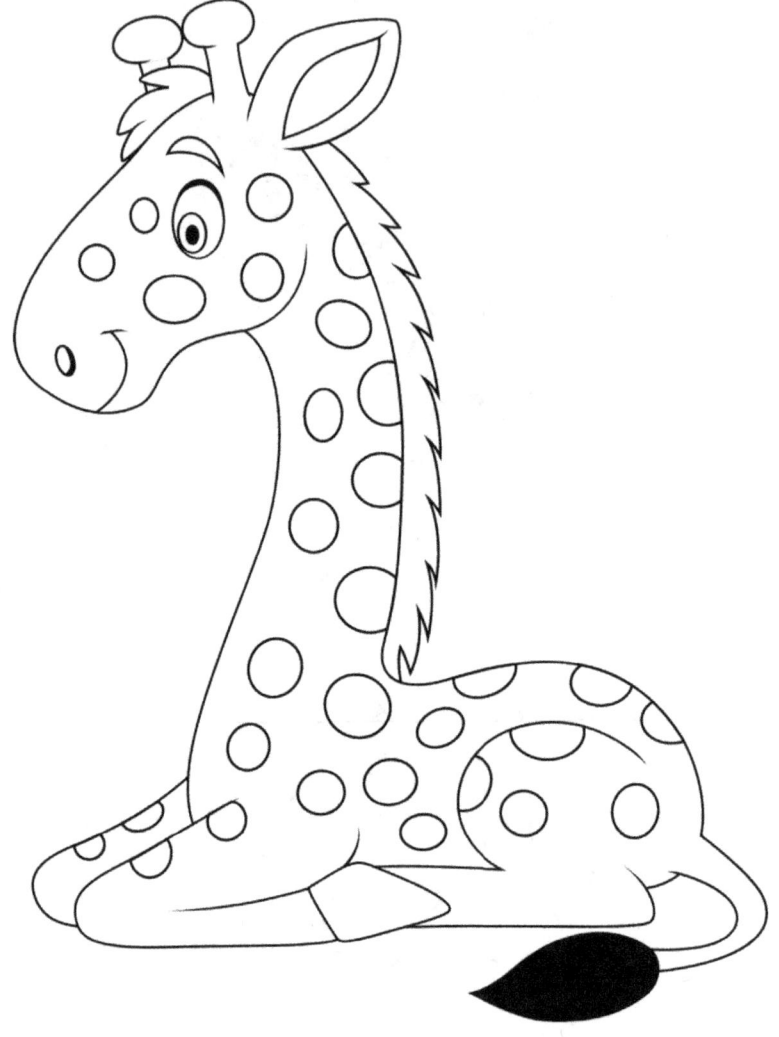

Giraffa

Giraffa
_____
_____
_____

Brille

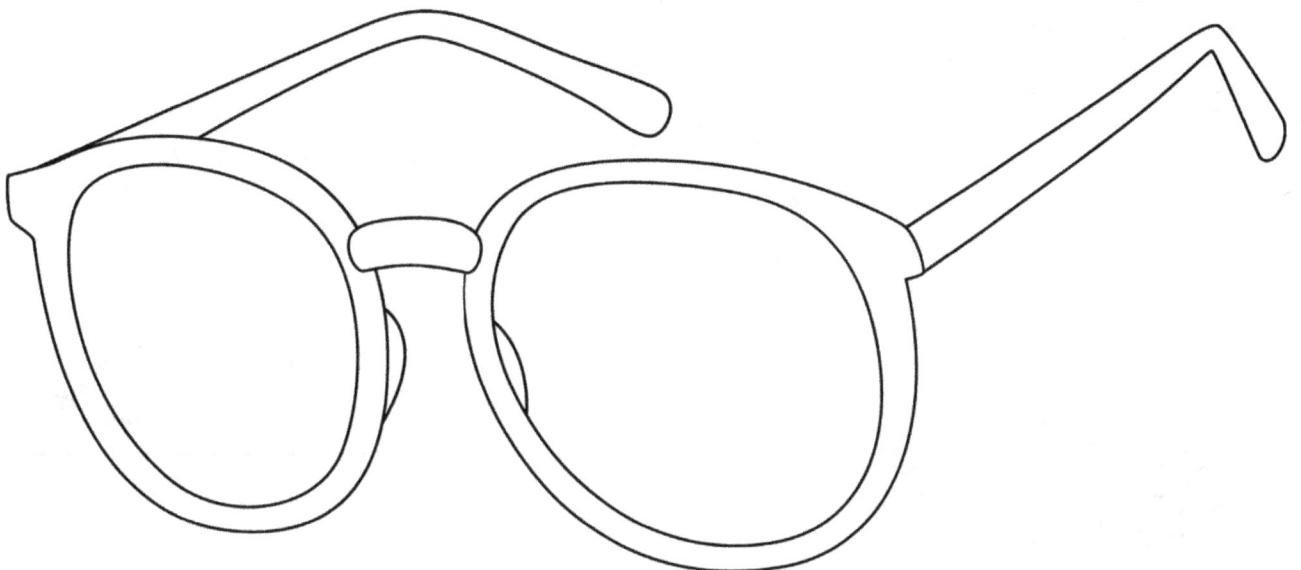

Occhiali

Occhiali

Blume

Fi_re

Fuchs

V_lp_

Giraffe

G__affa

Brille

Occhial_

Weintrauben

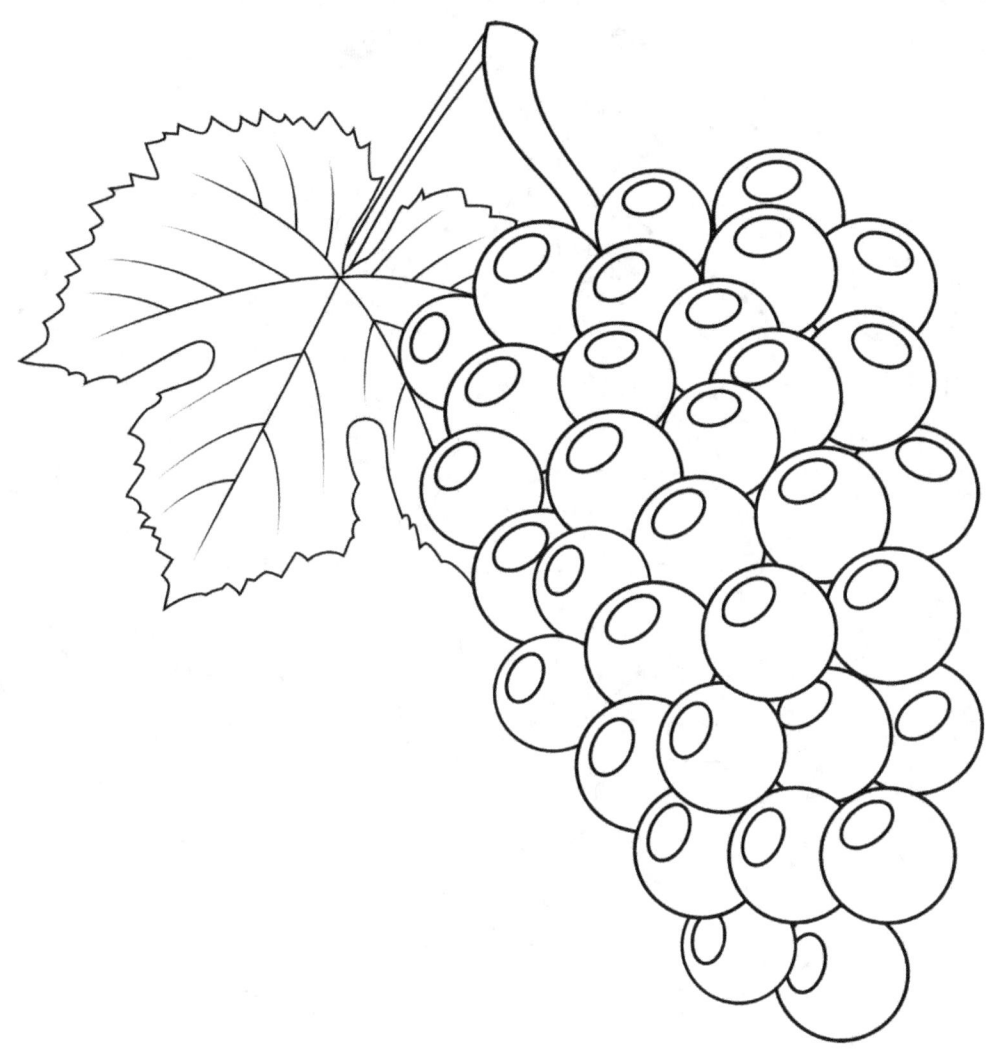

Uva

Uva
_____

_____

_____

Hamburger

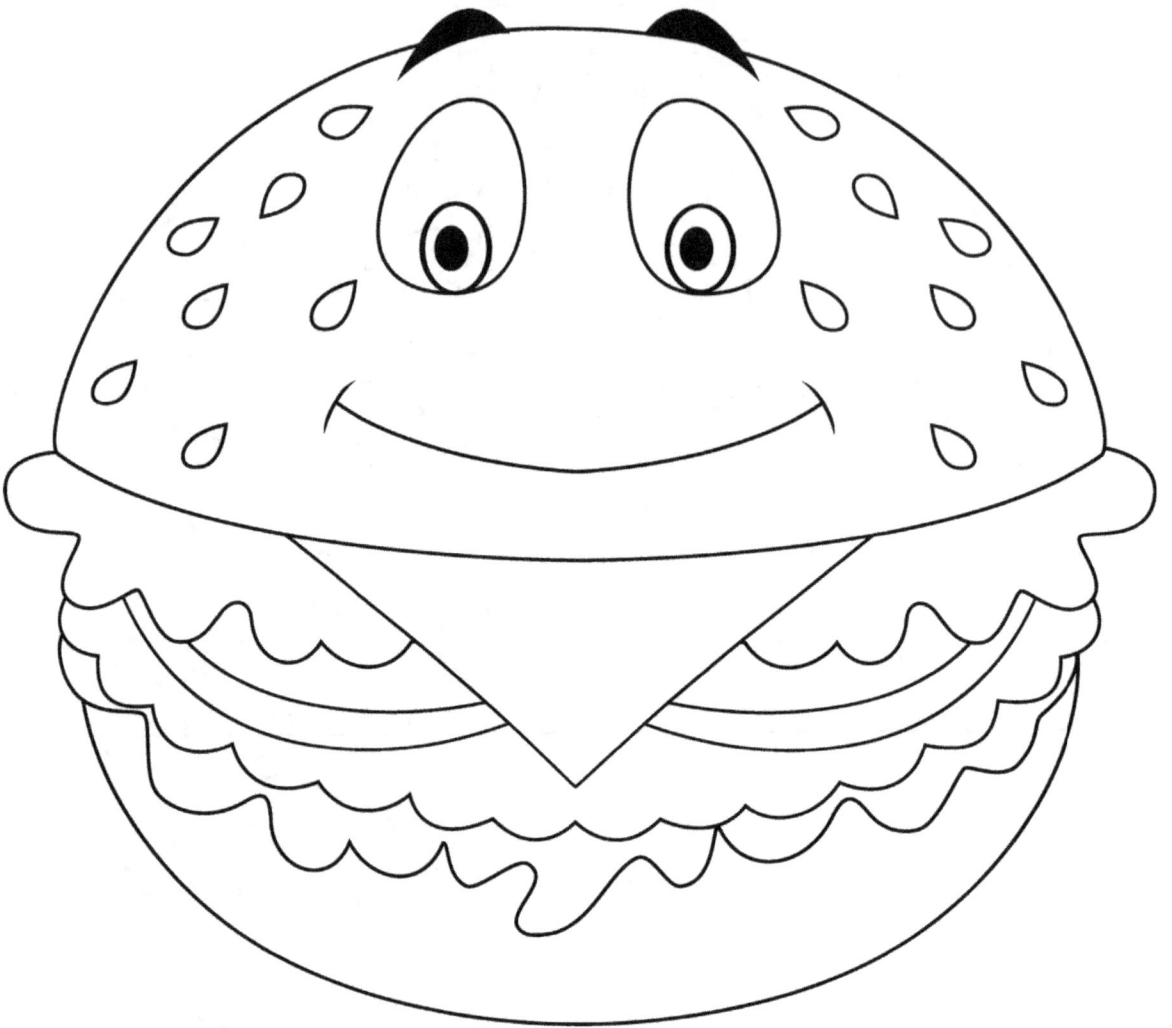

Hamburger

Hamburger
_____

_____

Flusspferd

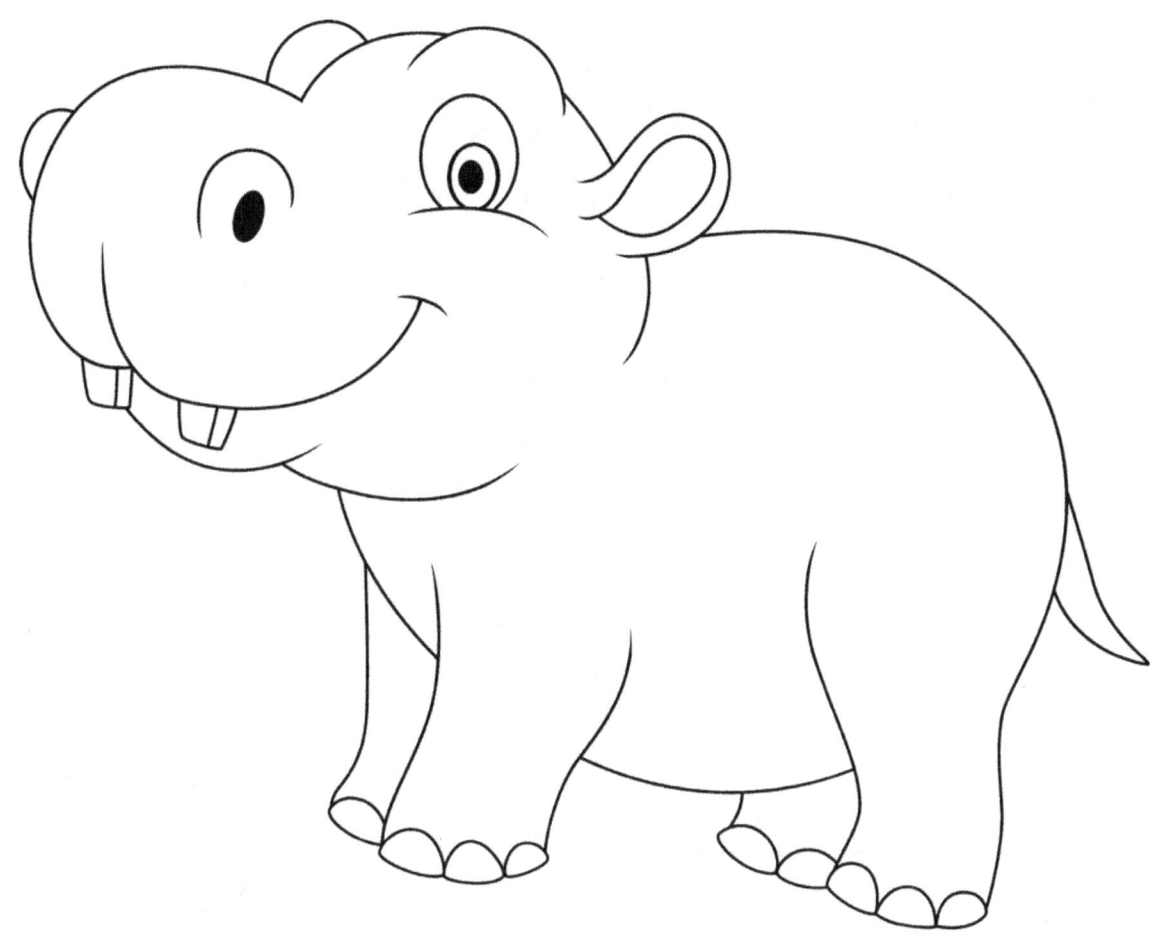

Ippopotamo

Ippopotamo

Haus

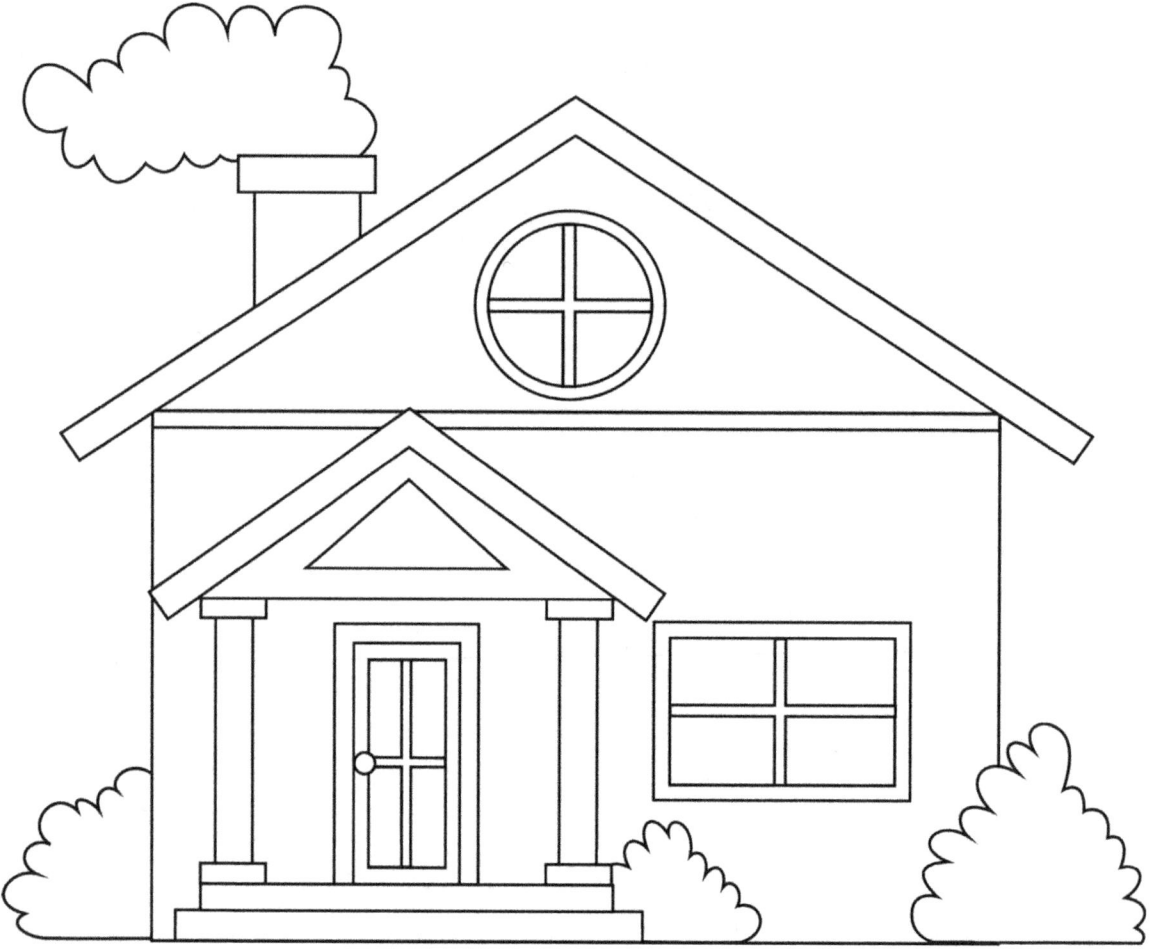

Casa

Casa

Weintrauben

_v_

Hamburger

Ham_ur_er

Flusspferd

I_popota_o

Haus

Ca__

Eiscreme

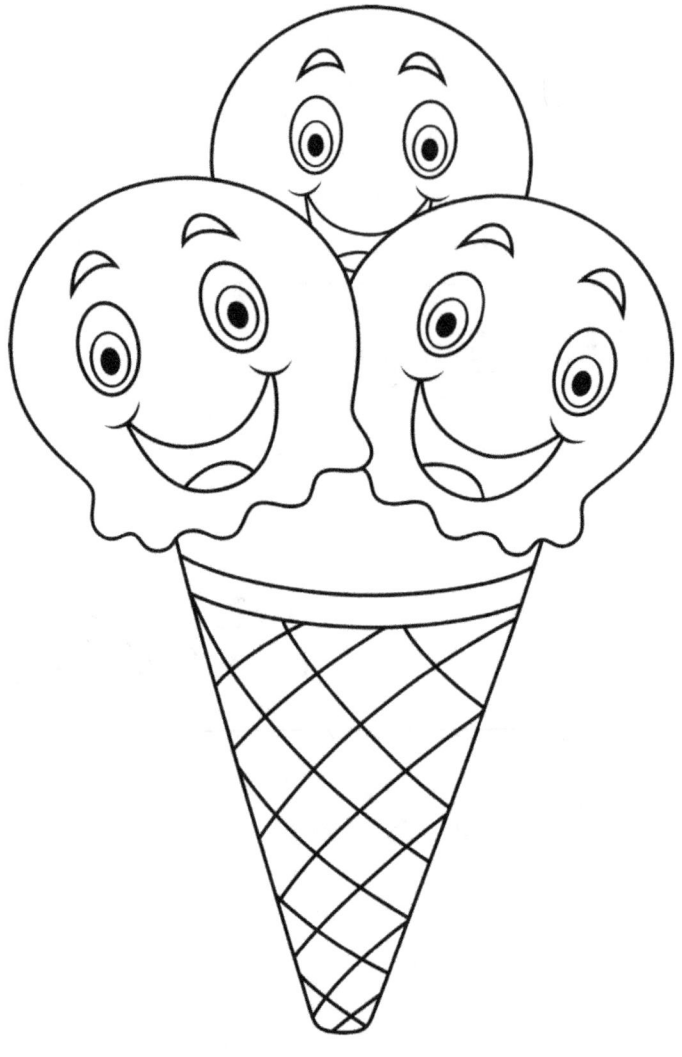

Gelato

Gelato
_____

_____

_____

Leguan

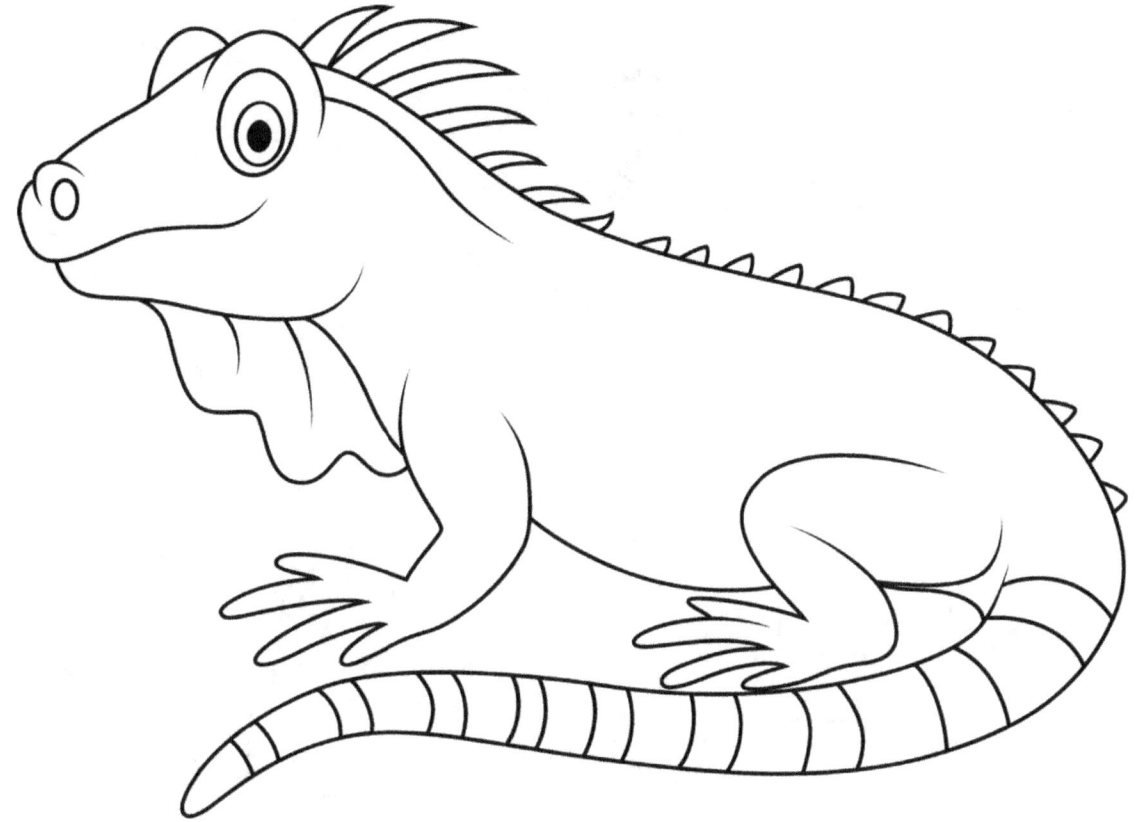

Iguana

Iguana

Ente

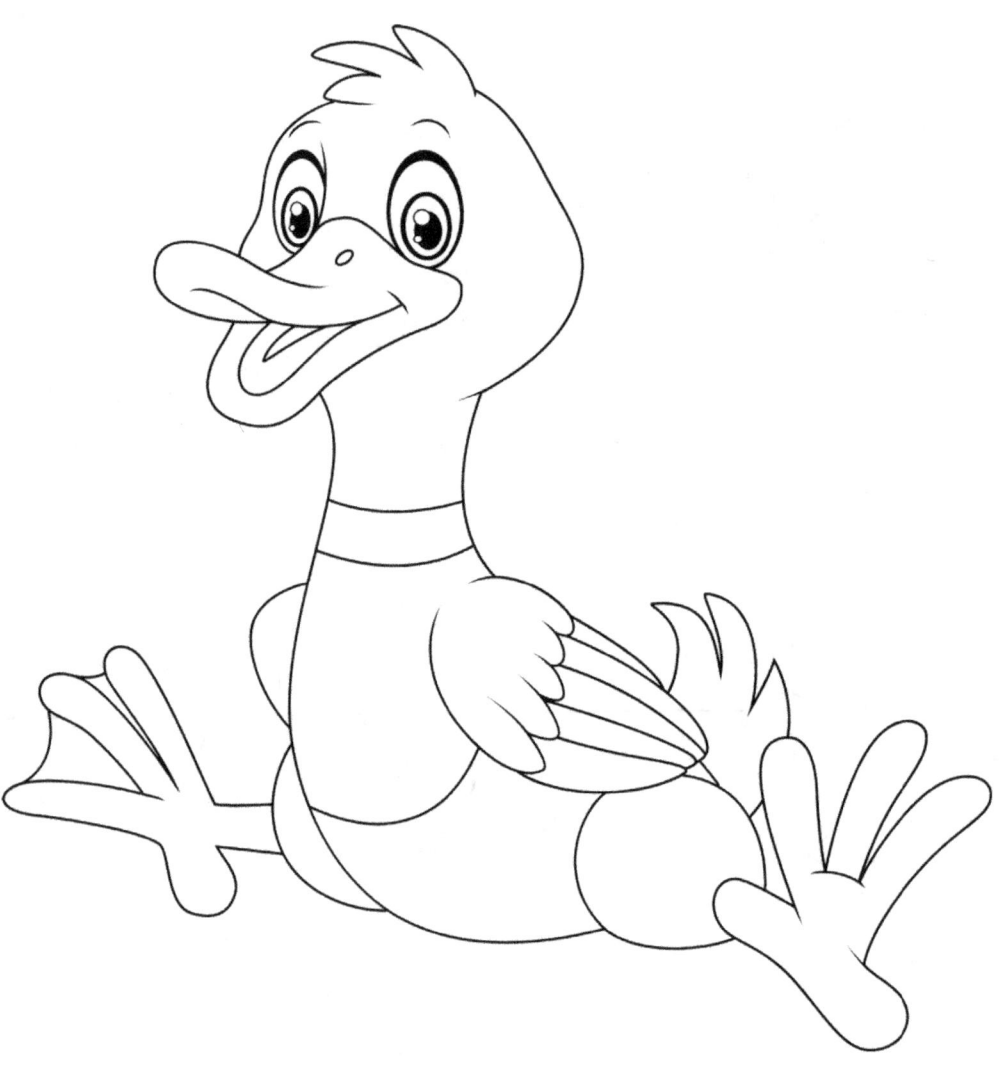

Anatra

Anatra

Jaguar

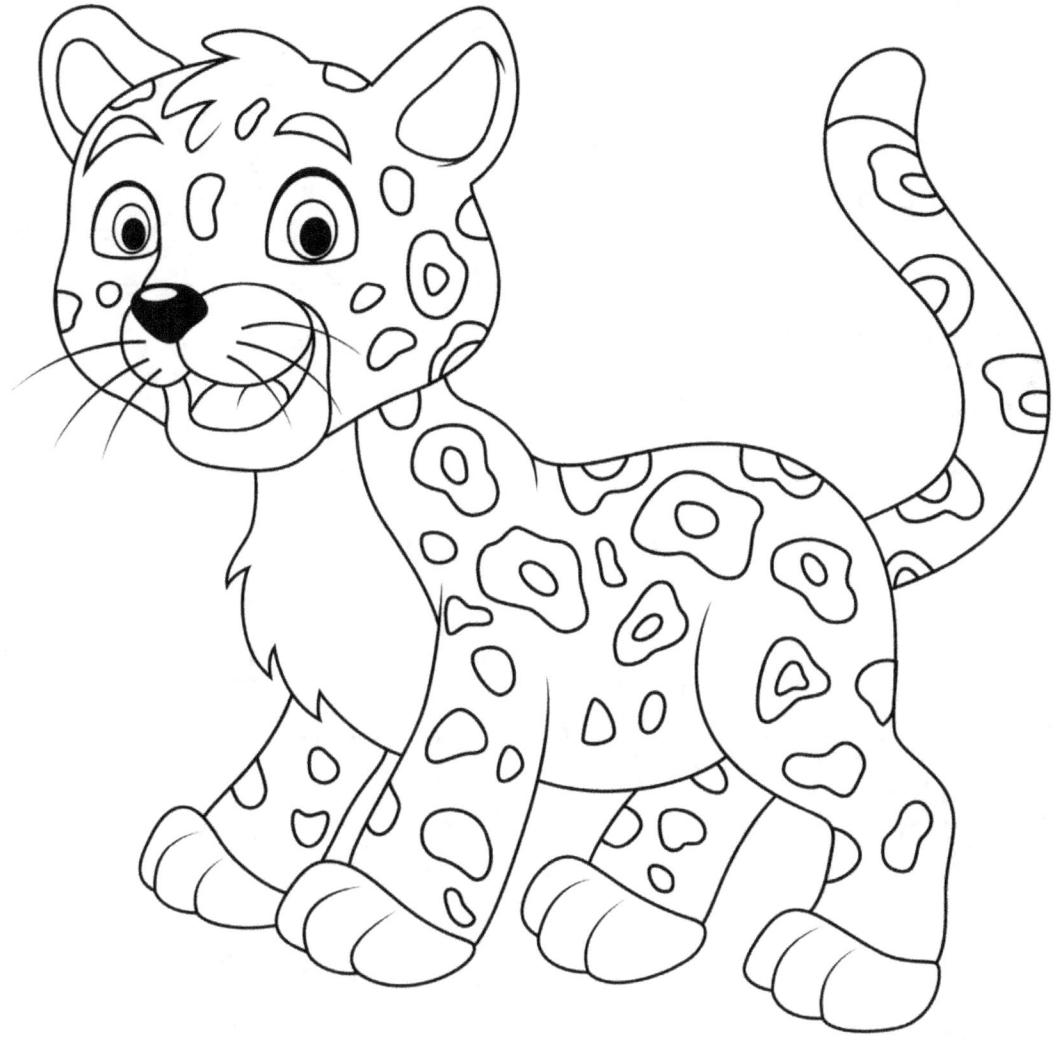

Giaguaro

Giaguaro

Eiscreme

Ge__to

Leguan

I__ana

Ente

A_at_a

Jaguar

_iag_aro

Marmelade

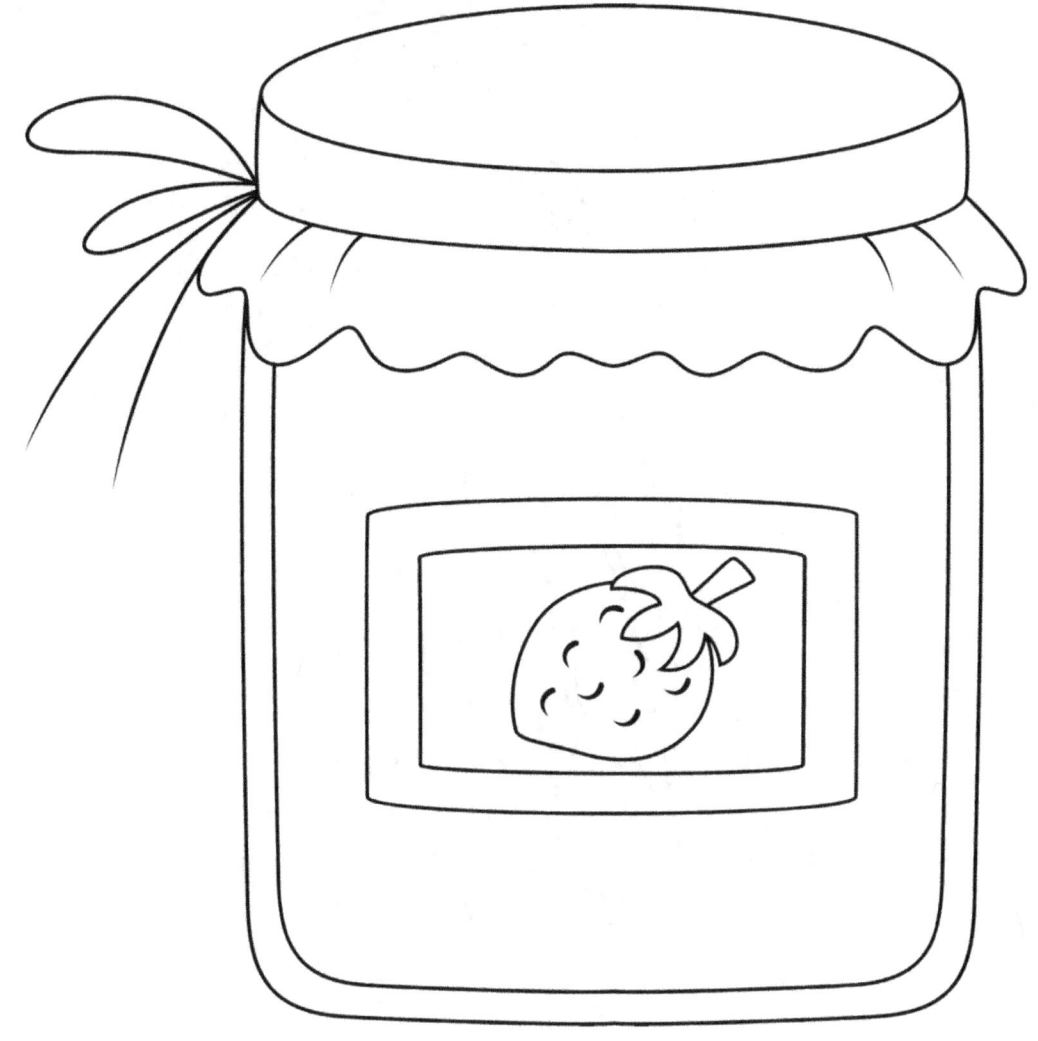

Marmellata

Marmellata

Qualle

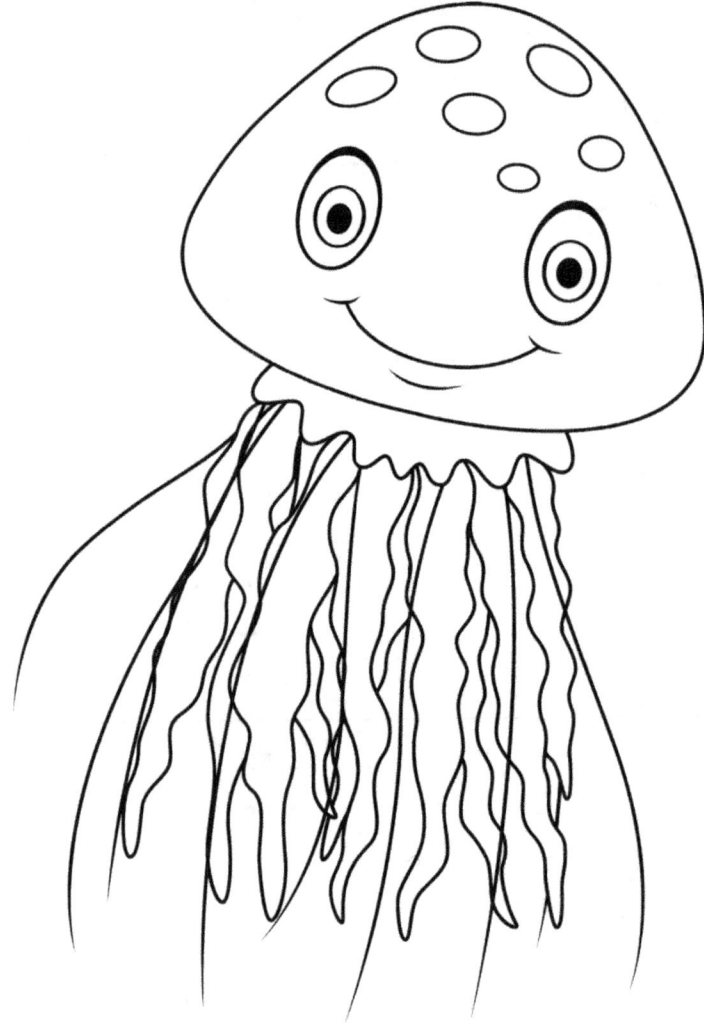

Medusa

Medusa

Zeppelin

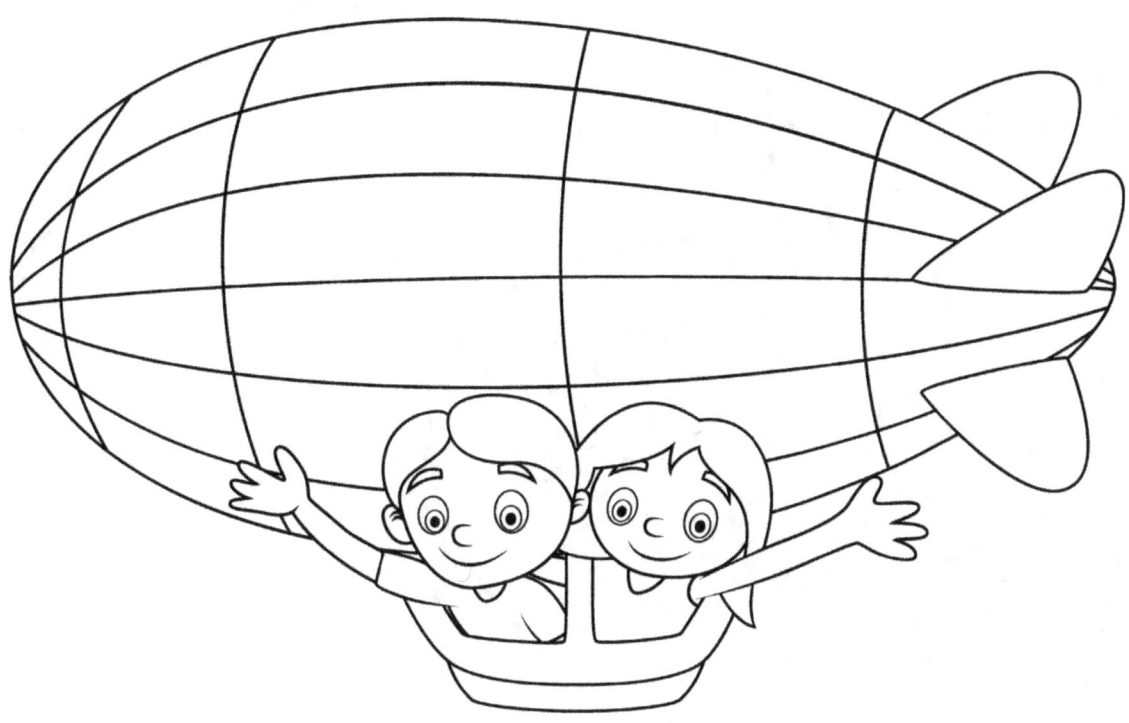

Zeppelin

Zeppelin

Kiwi

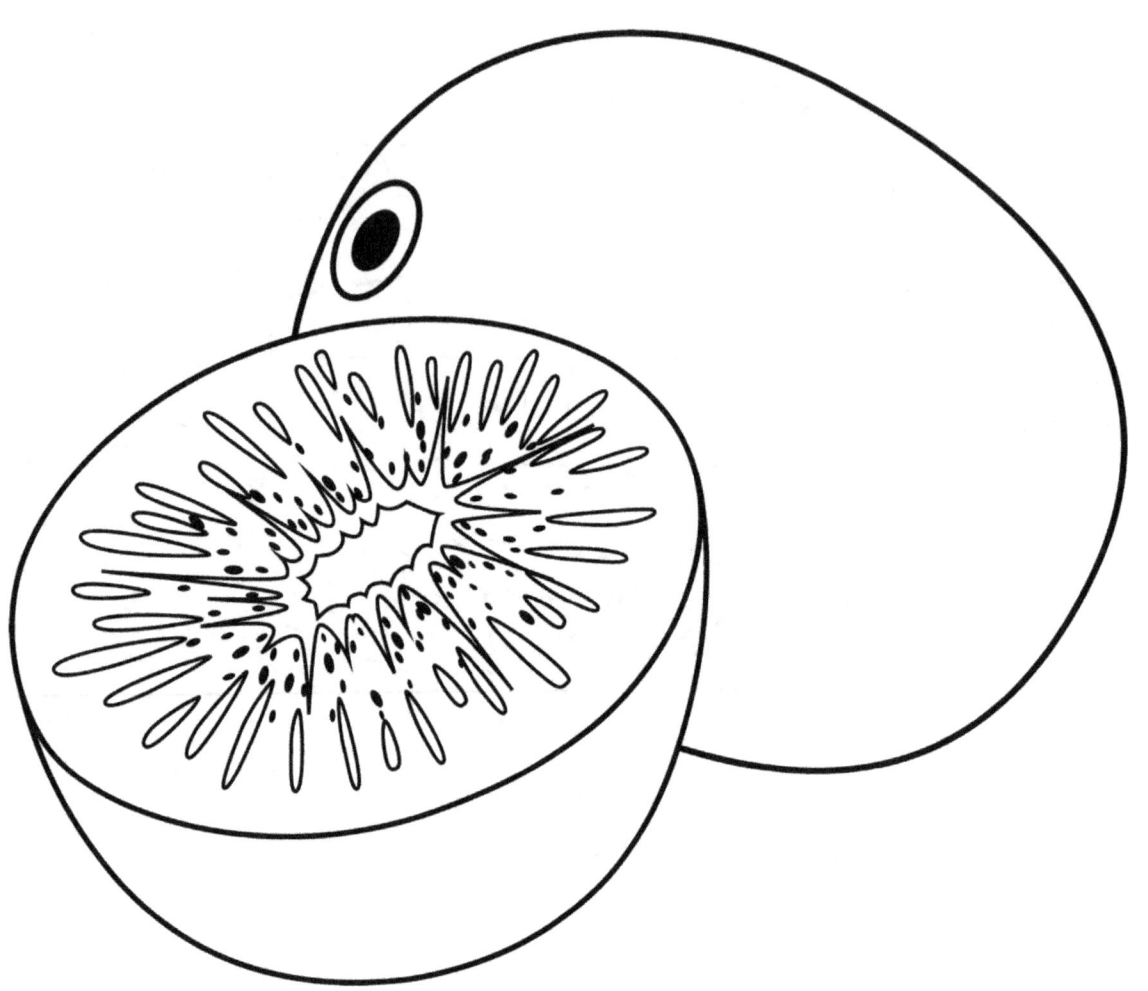

Kiwi

Kiwi

Marmelade

M_rmell_ta

Qualle

edus

Zeppelin

Zeppe_i_

Kiwi

_iw_

Erdbeere

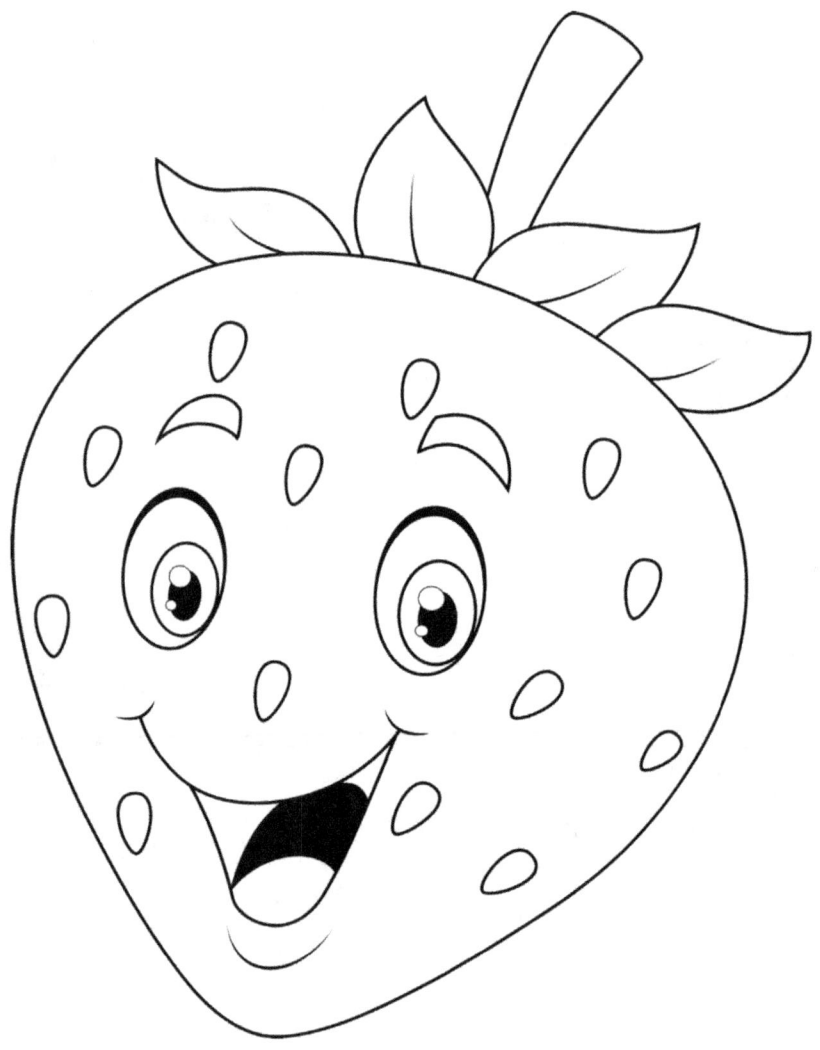

Fragola

Fragola

Blätter

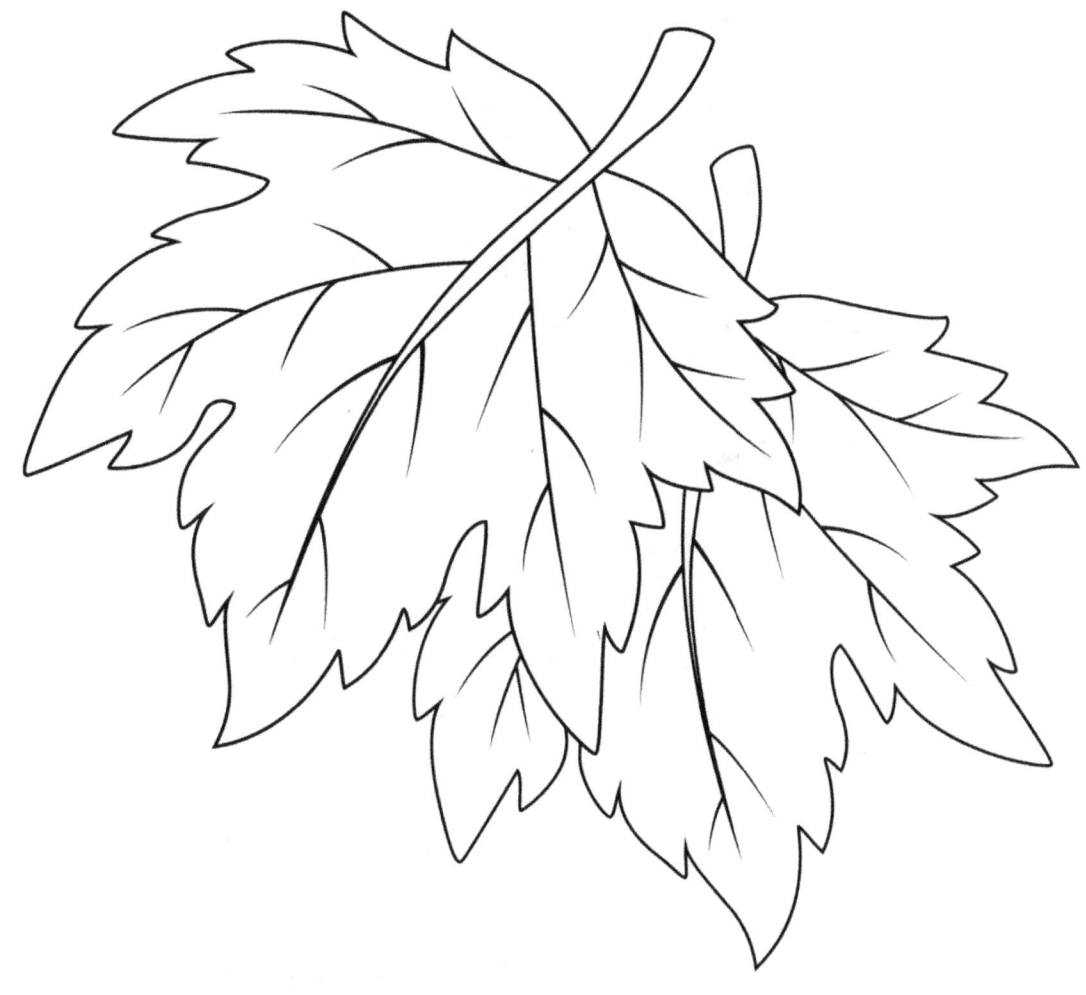

Foglie

Foglie

Lampe

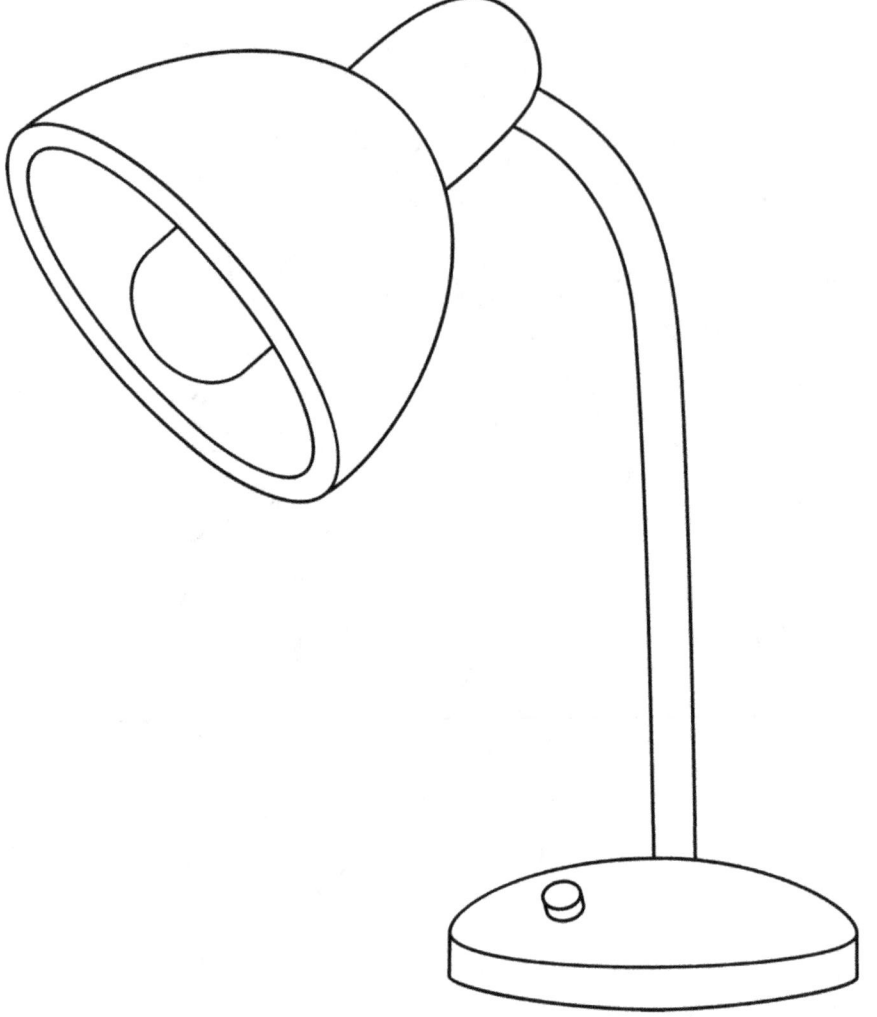

Luci

Luci

Löwe

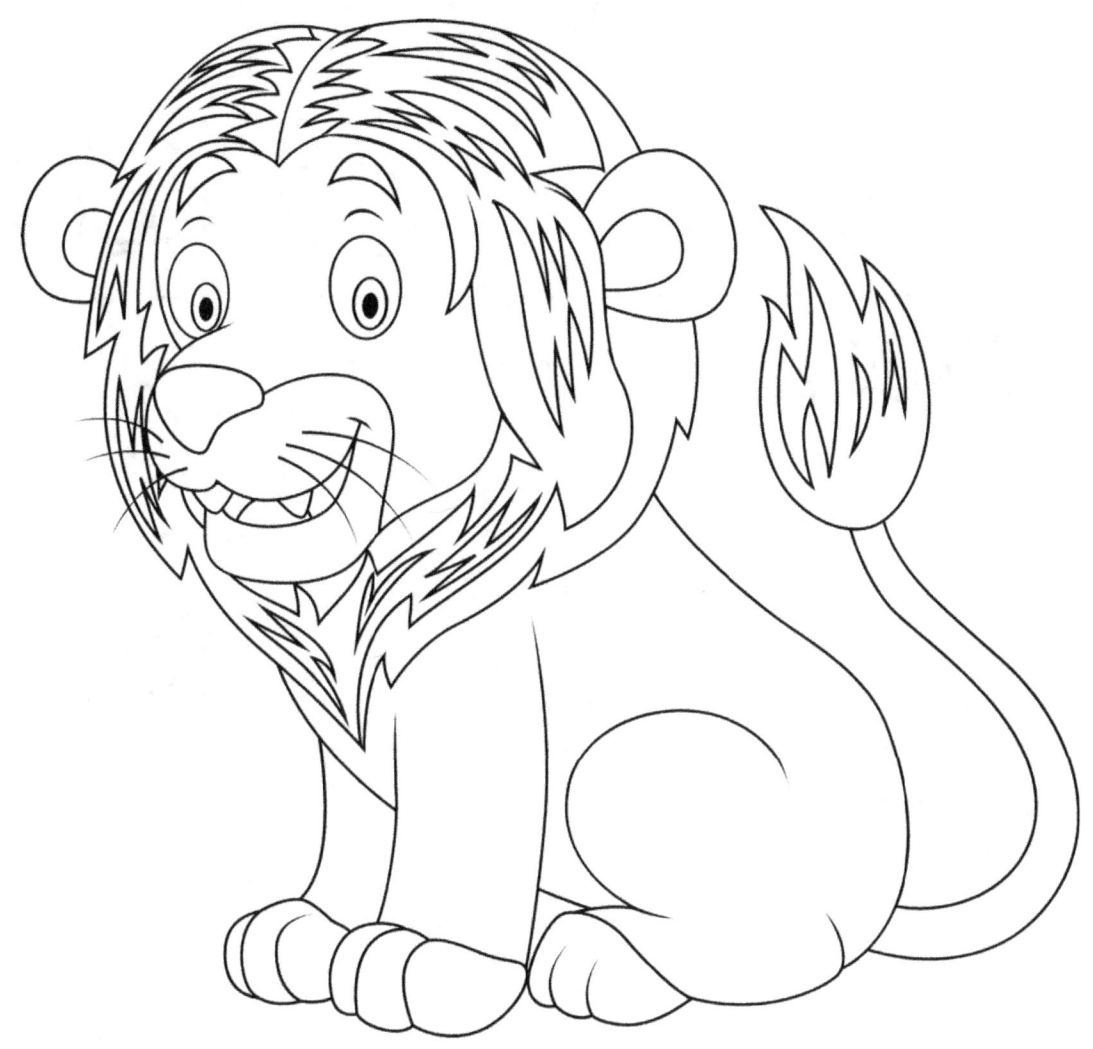

Leone

Leone
_____

_____

_____

Erdbeere

F_a_ola

Blätter

Fo_li_

Lampe

L_c_

Löwe

L_one

Affe

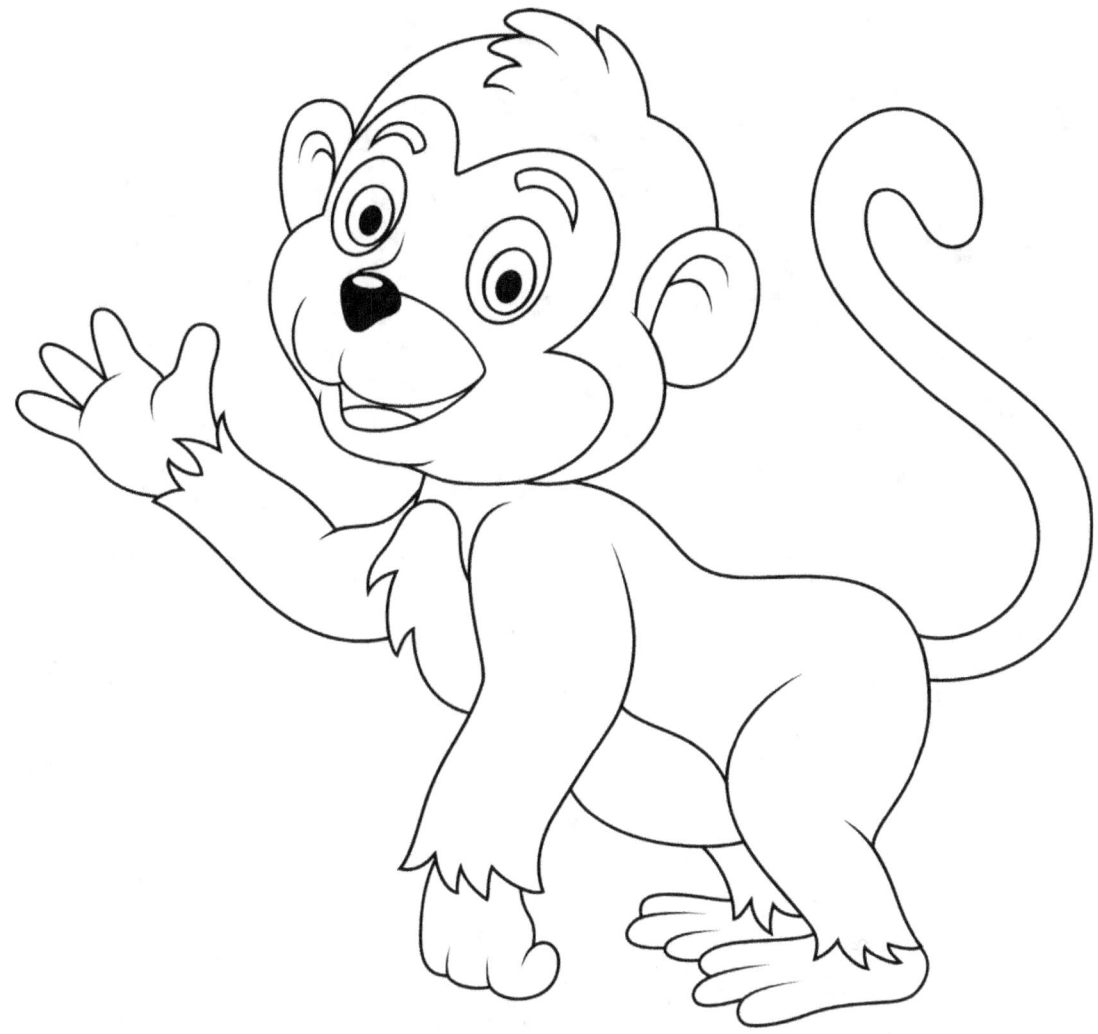

Scimmia

Scimmia
___
___
___

Maus

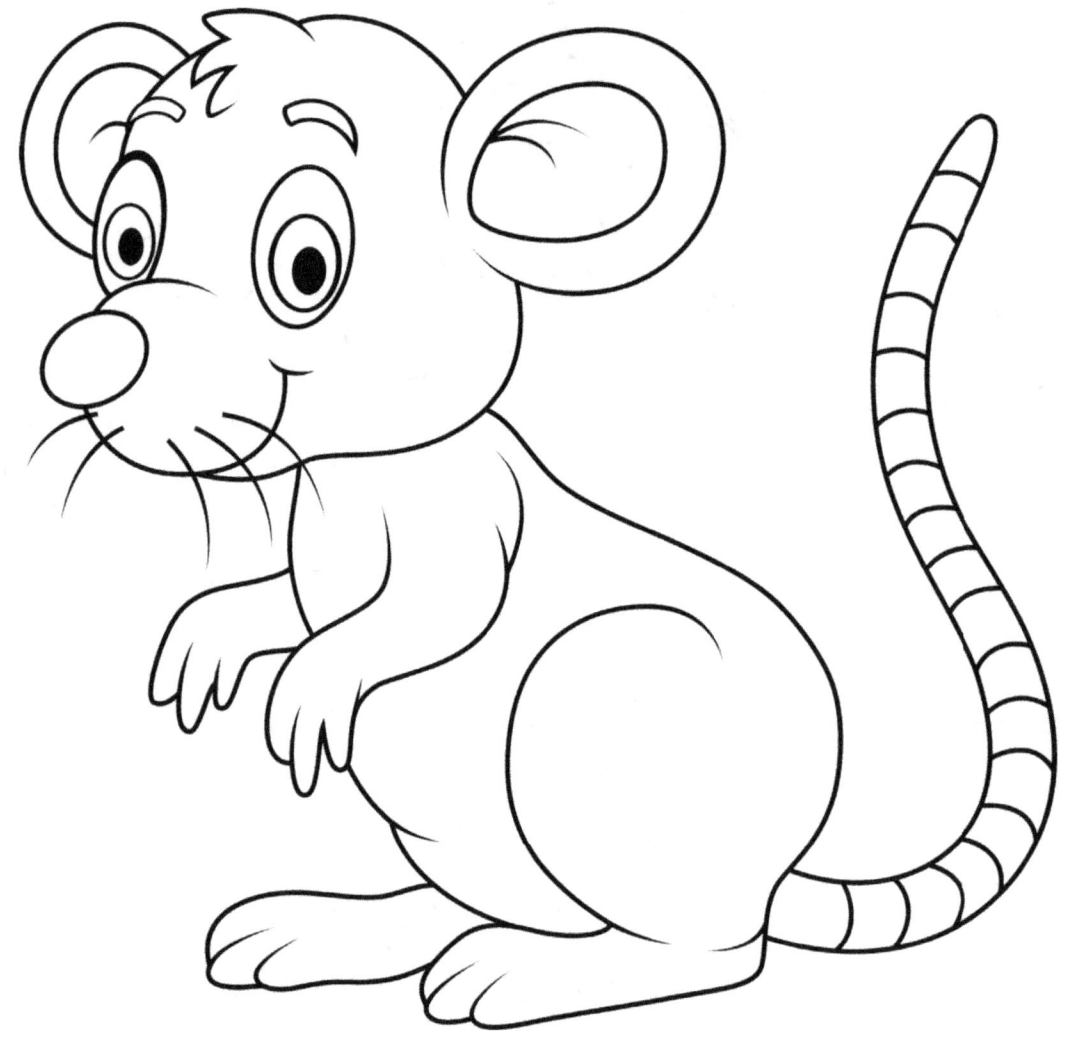

Topo

Topo
_____

_____

_____

Fliegenpilz

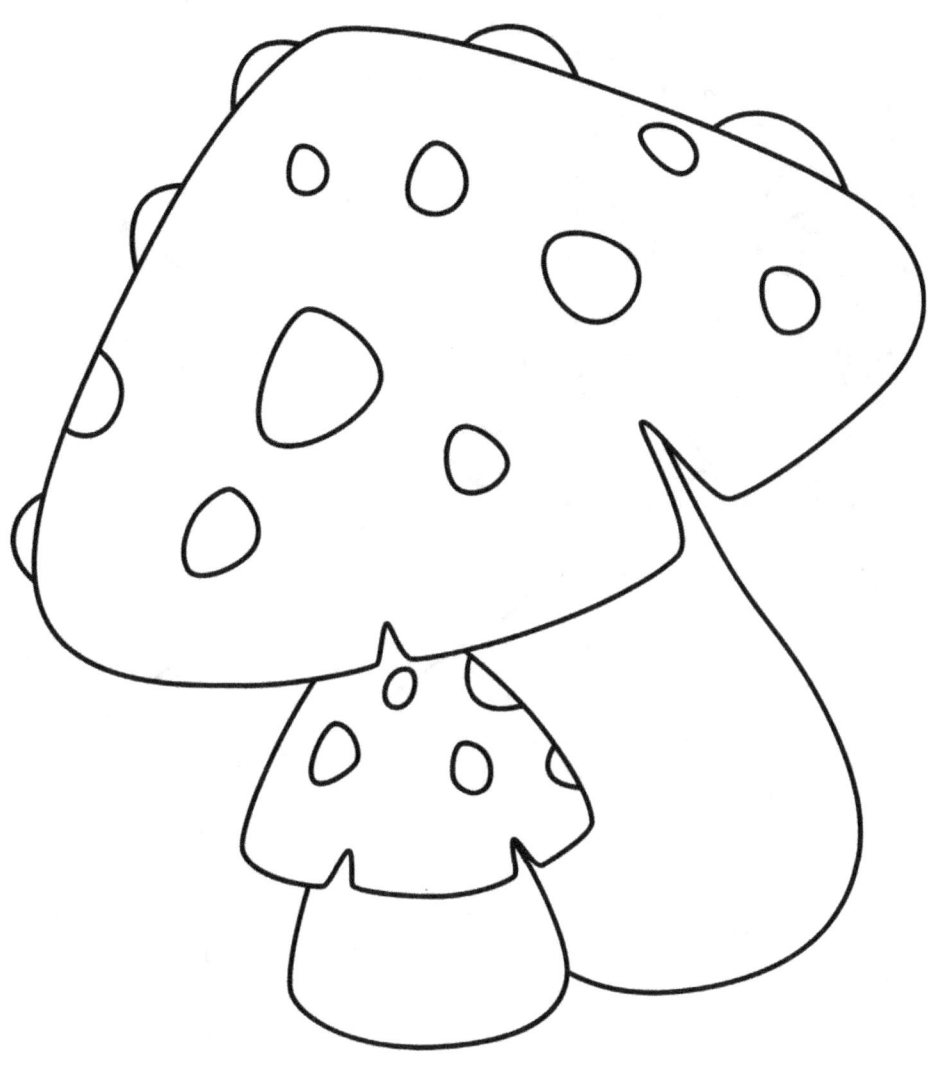

Amanita muscaria

Amanita muscaria

Nagel

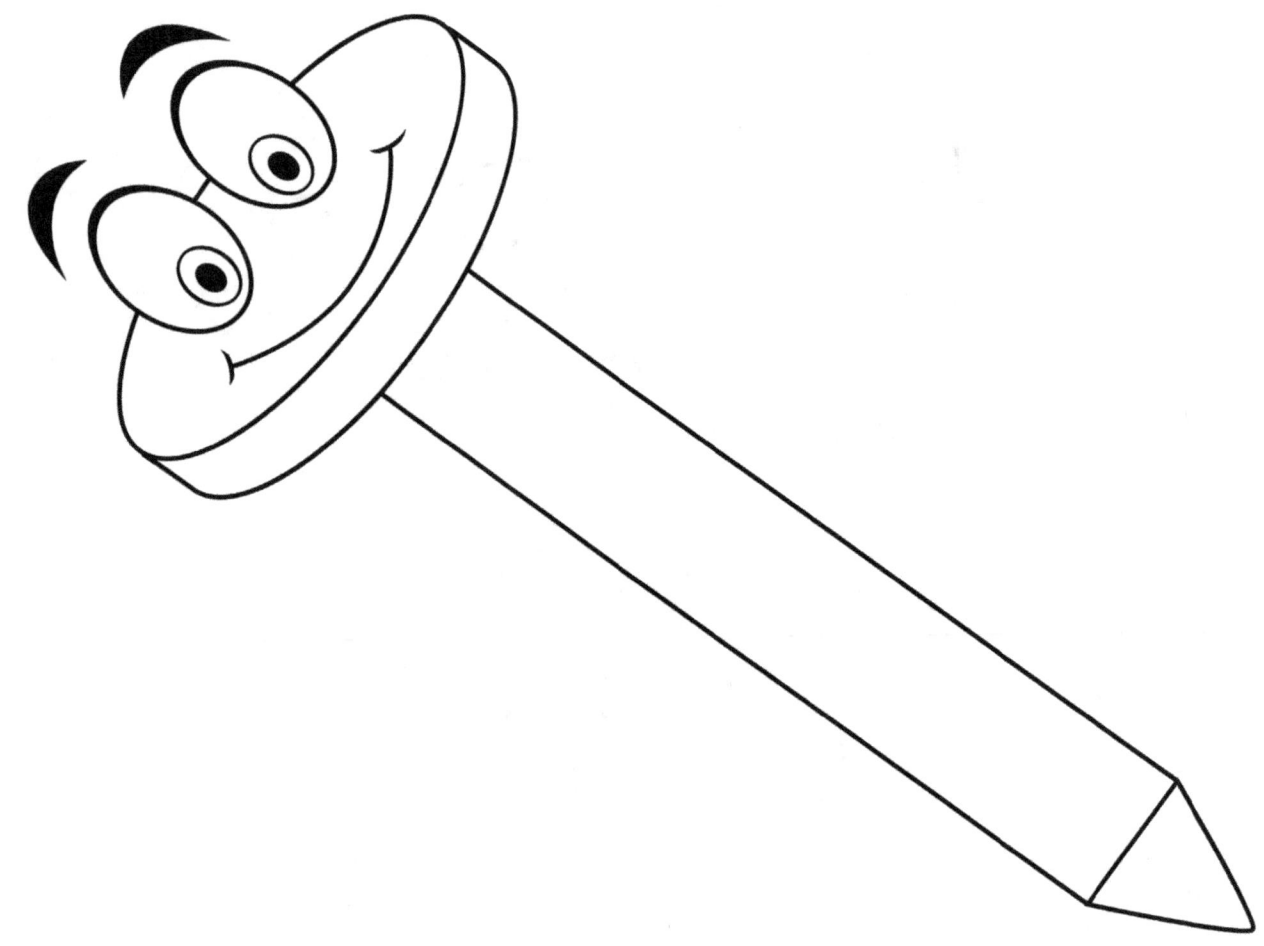

Chiodo

Chiodo

Affe

_cim_ia

Maus

T_p_

Fliegenpilz

A_anita mu_caria

Nagel

Chi_do

Pferd

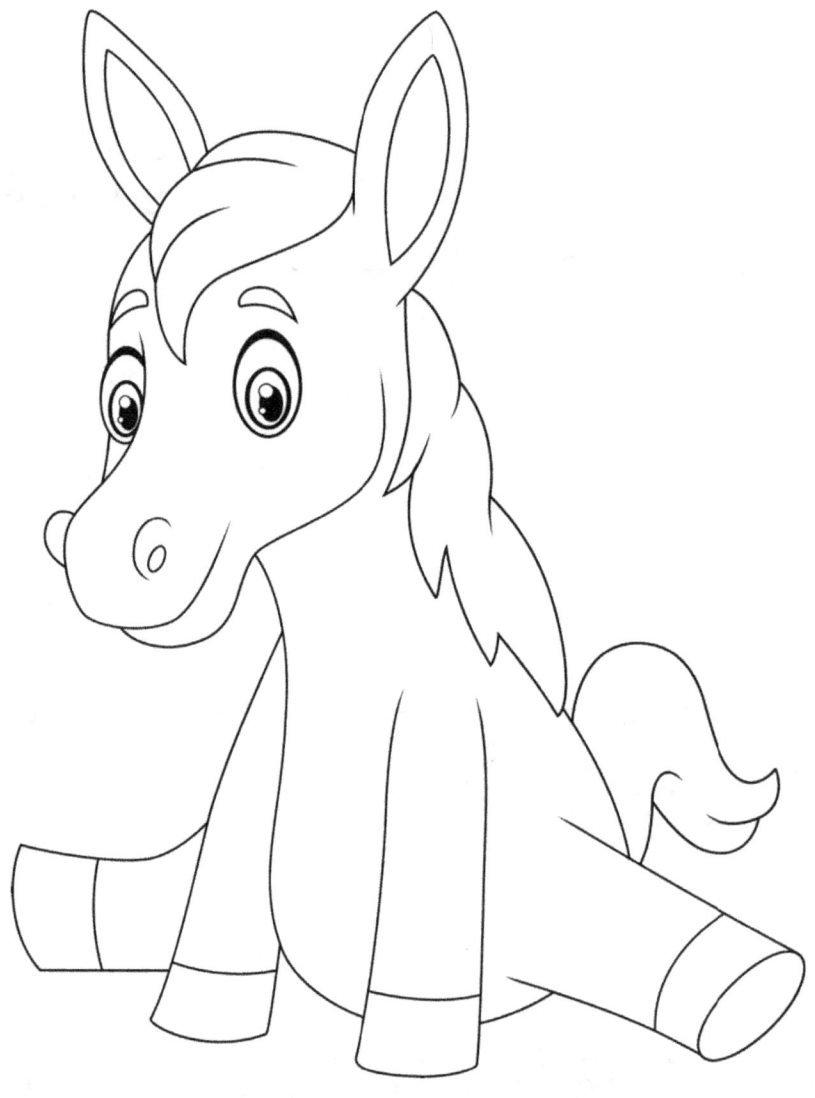

Cavallo

Cavallo

Nuss

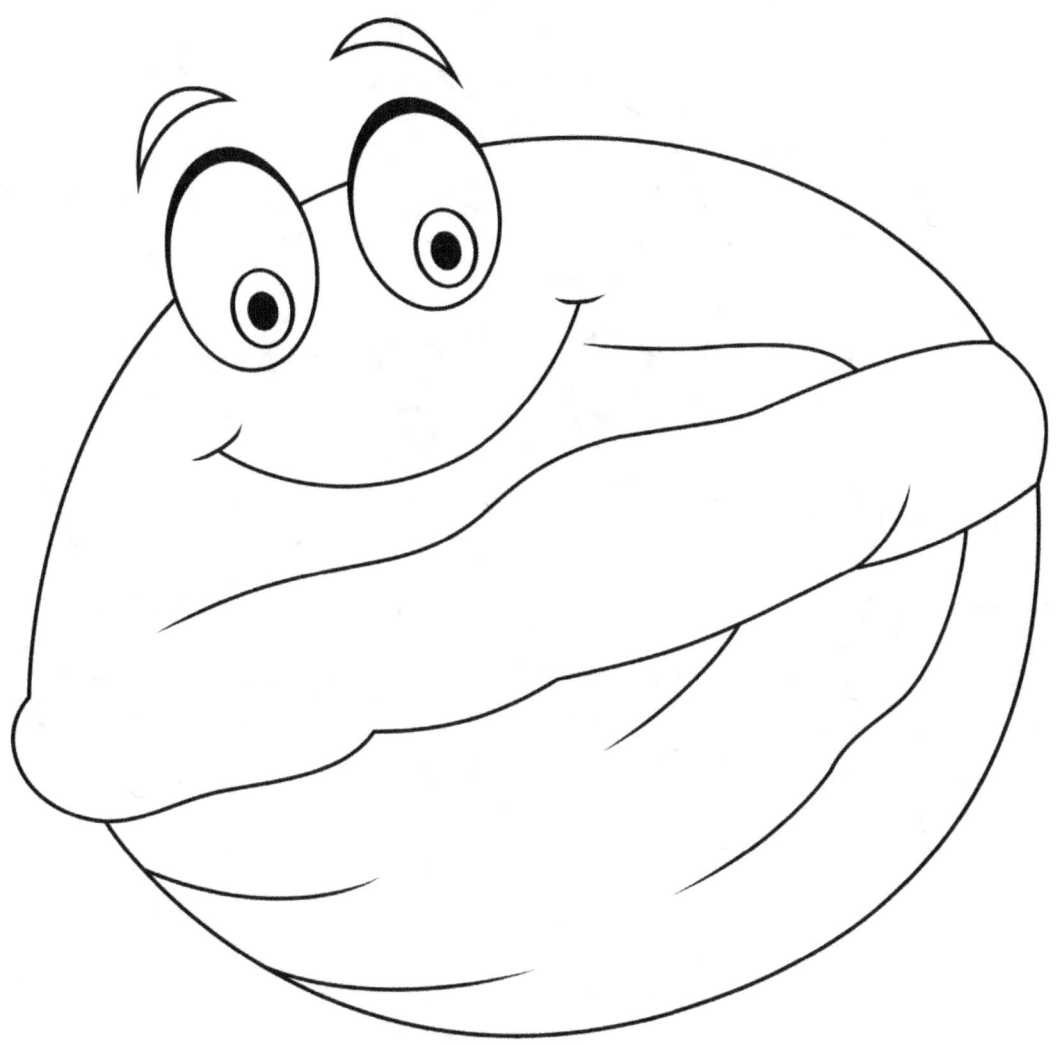

Noce

Noce

Krake

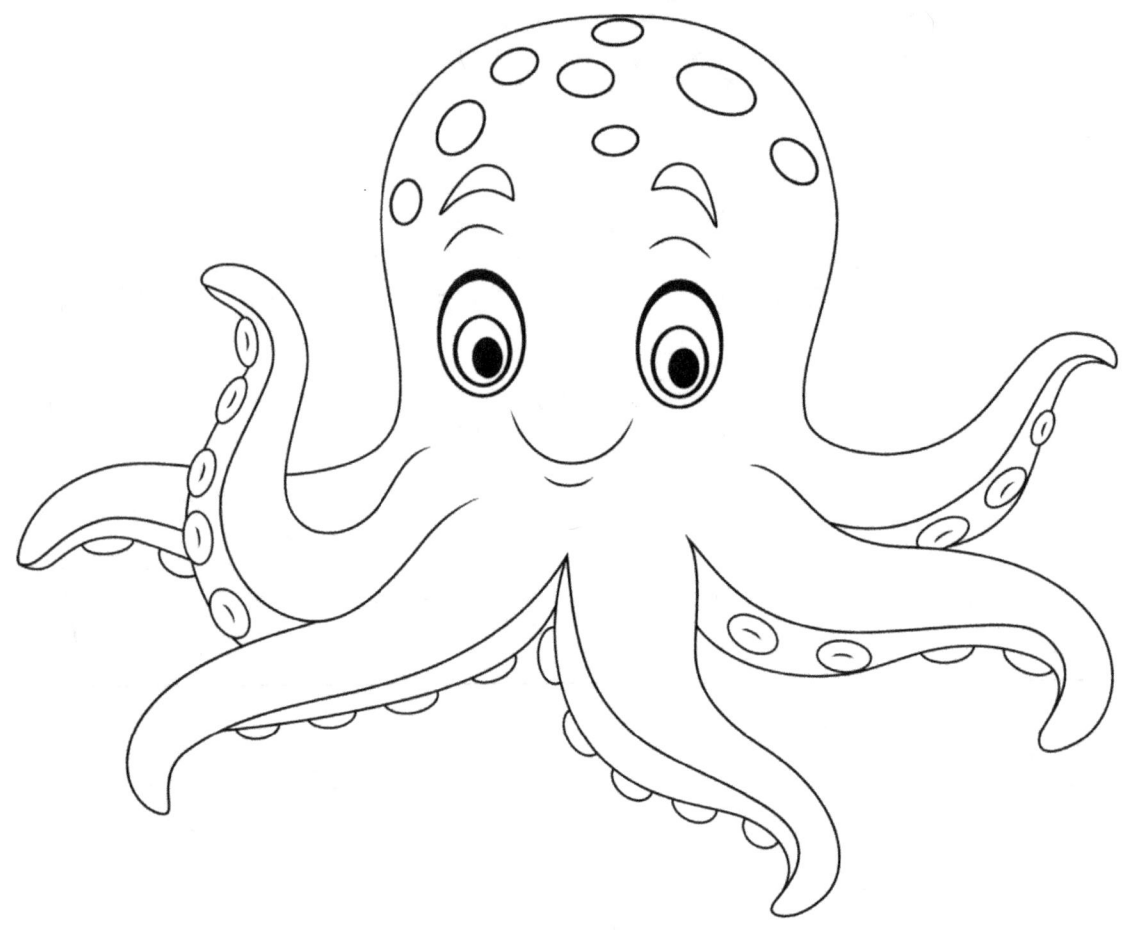

Polpo

Polpo

Orange

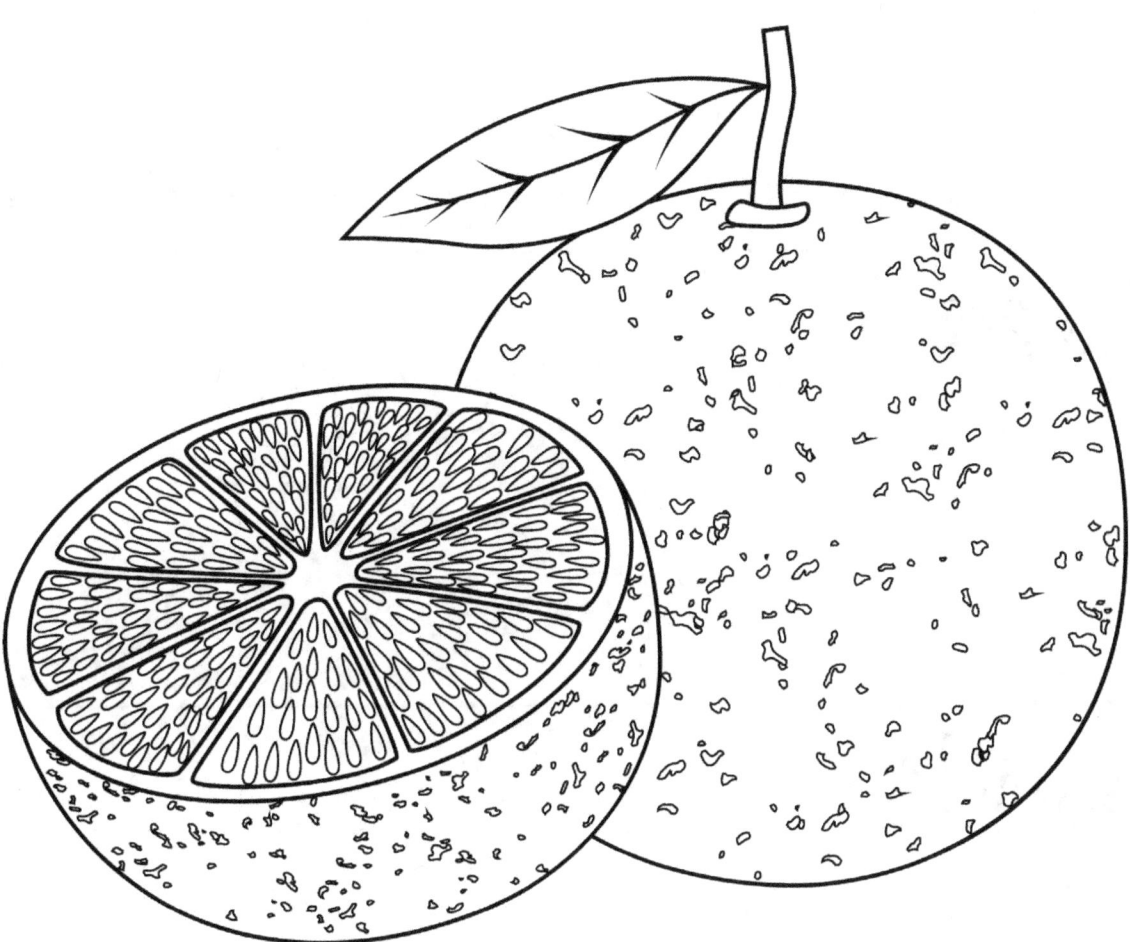

Arancio

Arancio

Pferd

Cav_l_o

Nuss

N_ce

Krake

P_lp_

Orange

_ranc_o

Eule

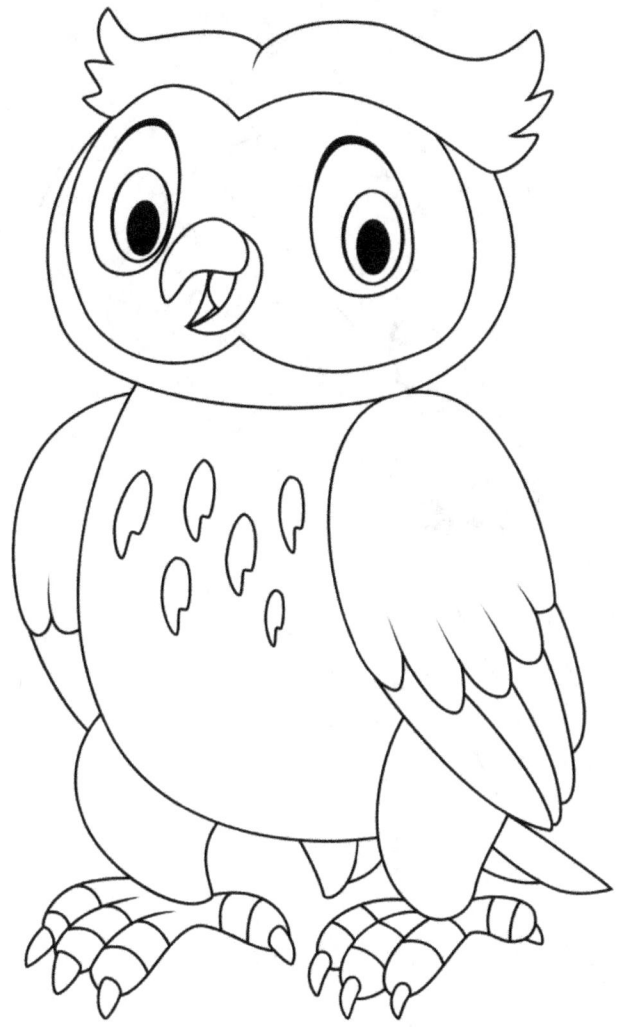

Civetta

Civetta

Stift

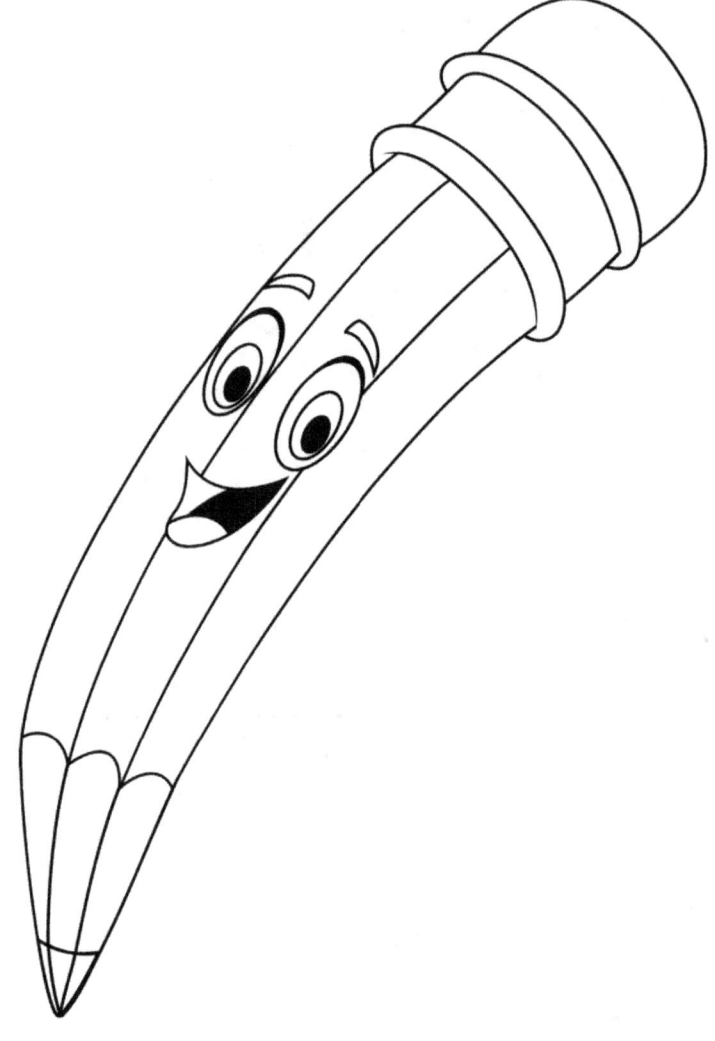

Penna

Penna
_____

_____

_____

Torte

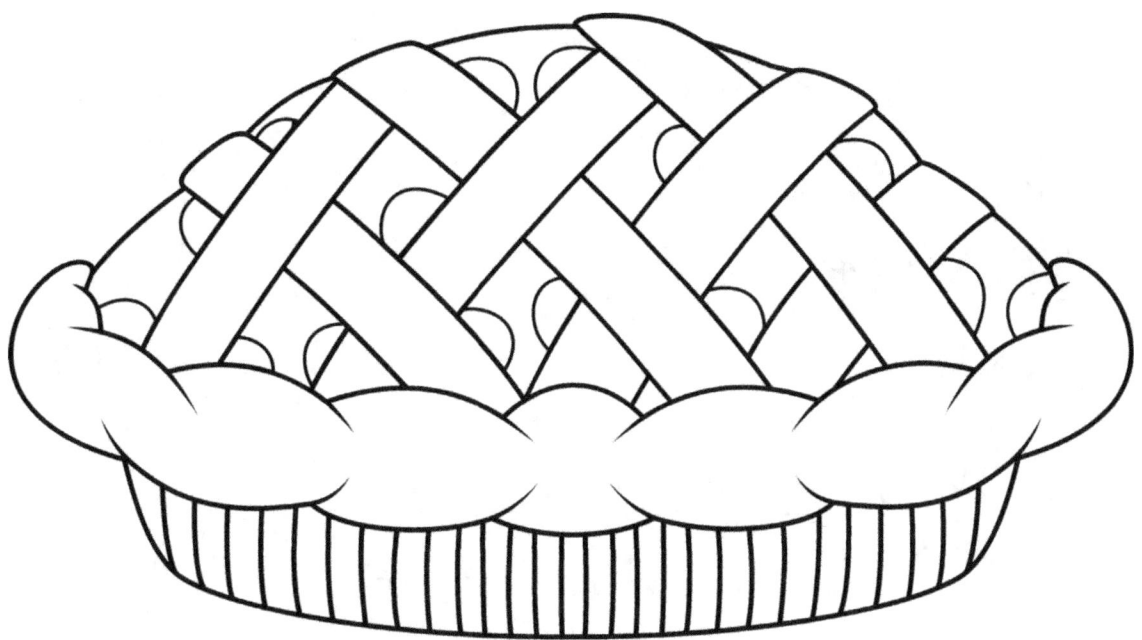

Torta

Torta
_____
_____
_____

Schwein

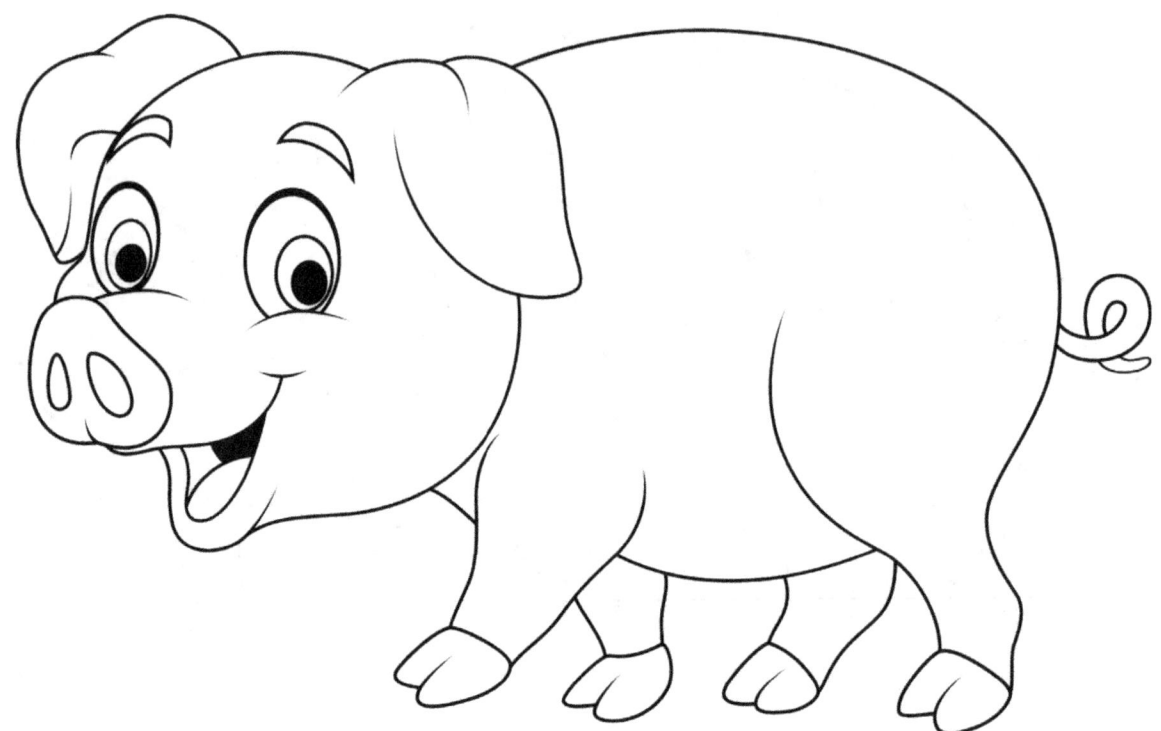

Maiale

Maiale
_____

_____

_____

Eule	_i_etta
Stift	__nna
Torte	Tor__
Schwein	Mai__e

Vogel

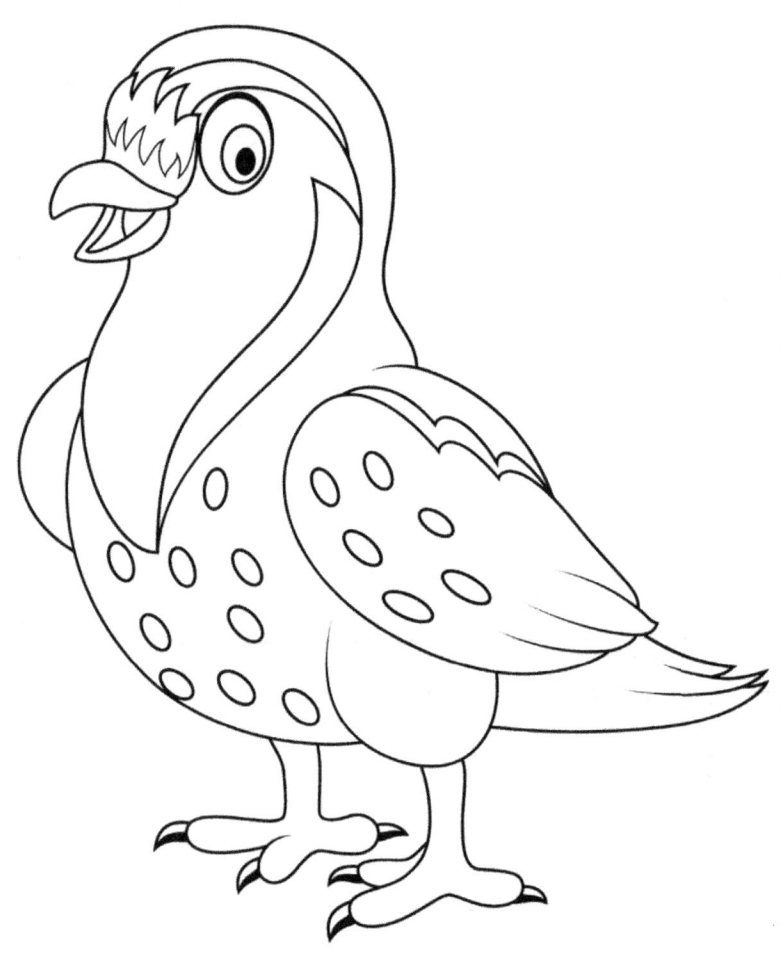

Uccello

Uccello

Königin

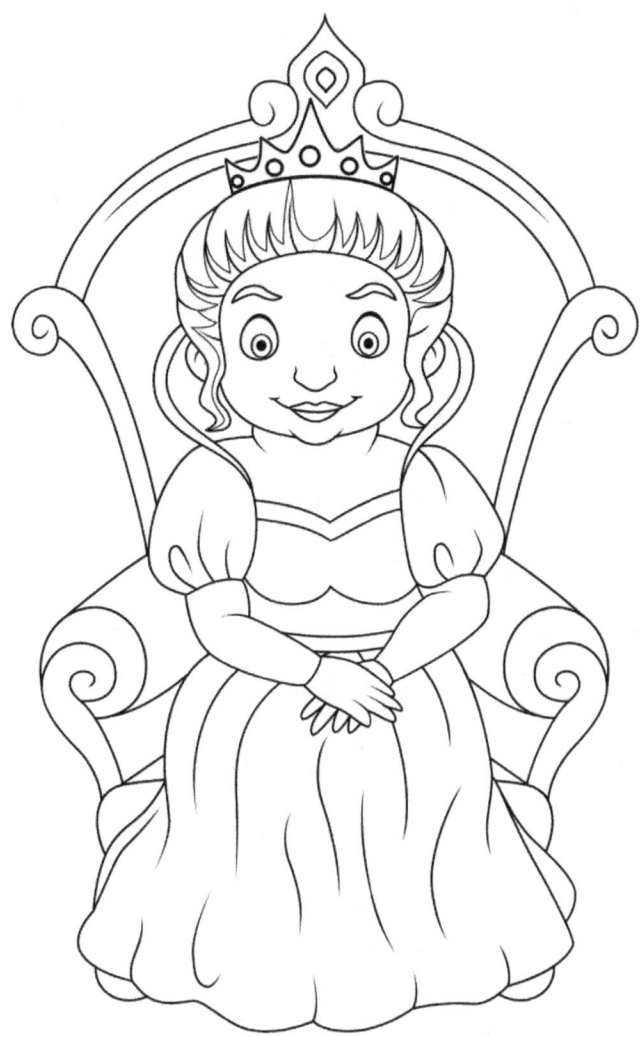

Regina

Regina

Feder

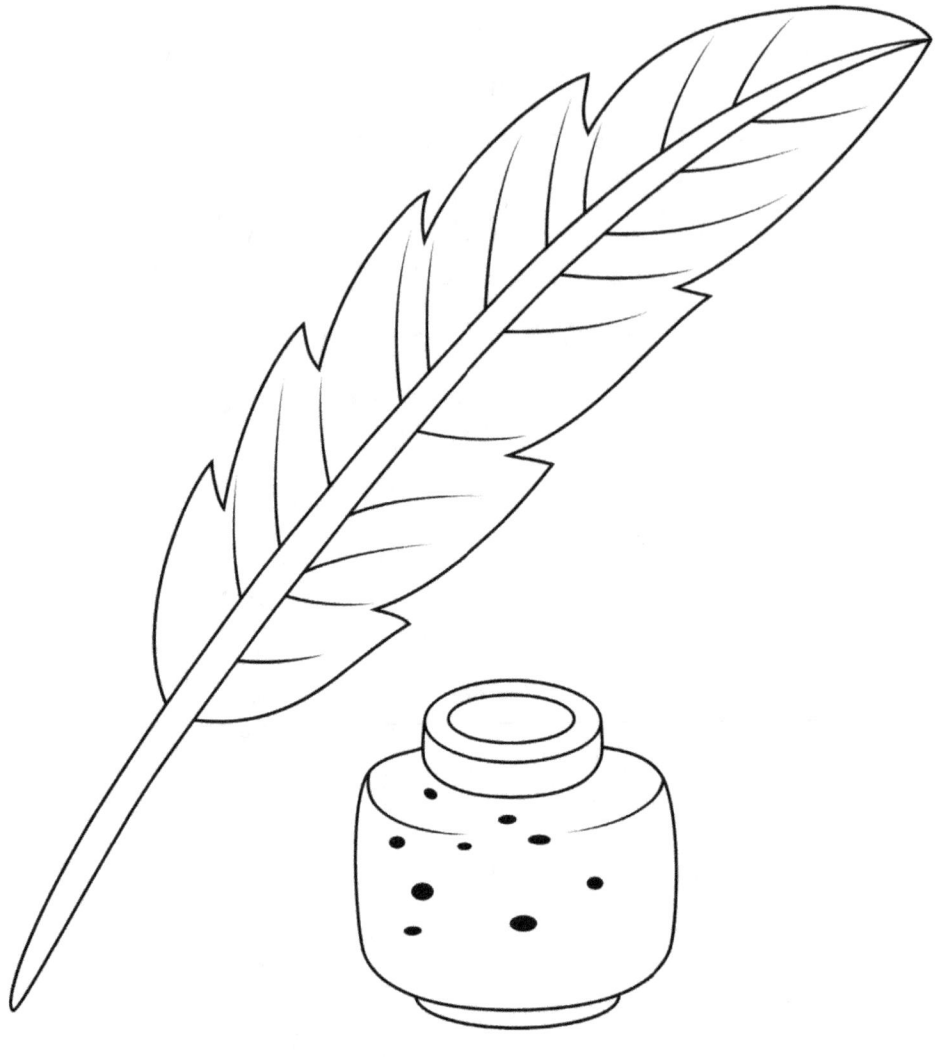

Penna

Penna

Hase

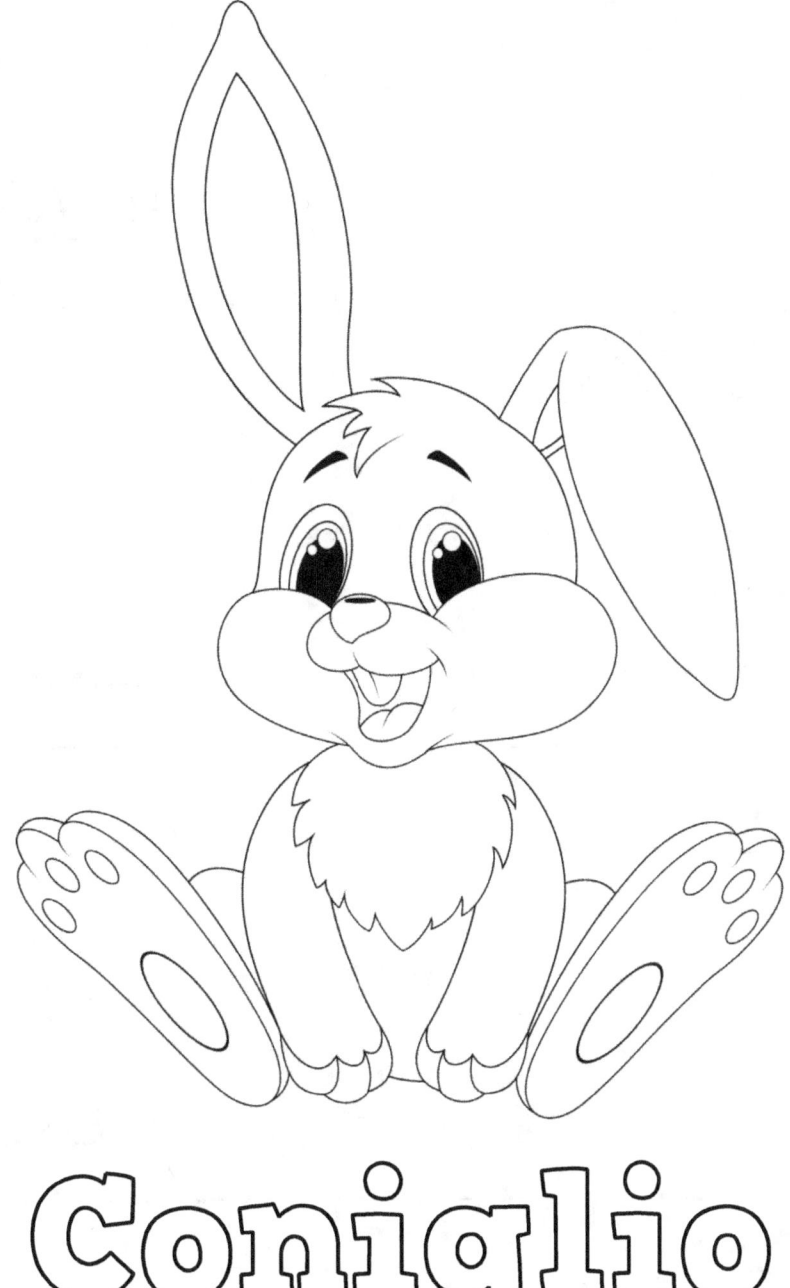

Coniglio

Coniglio

Vogel

U_ce_lo

Königin

_e_ina

Feder

P_nn_

Hase

_on_glio

Nashorn

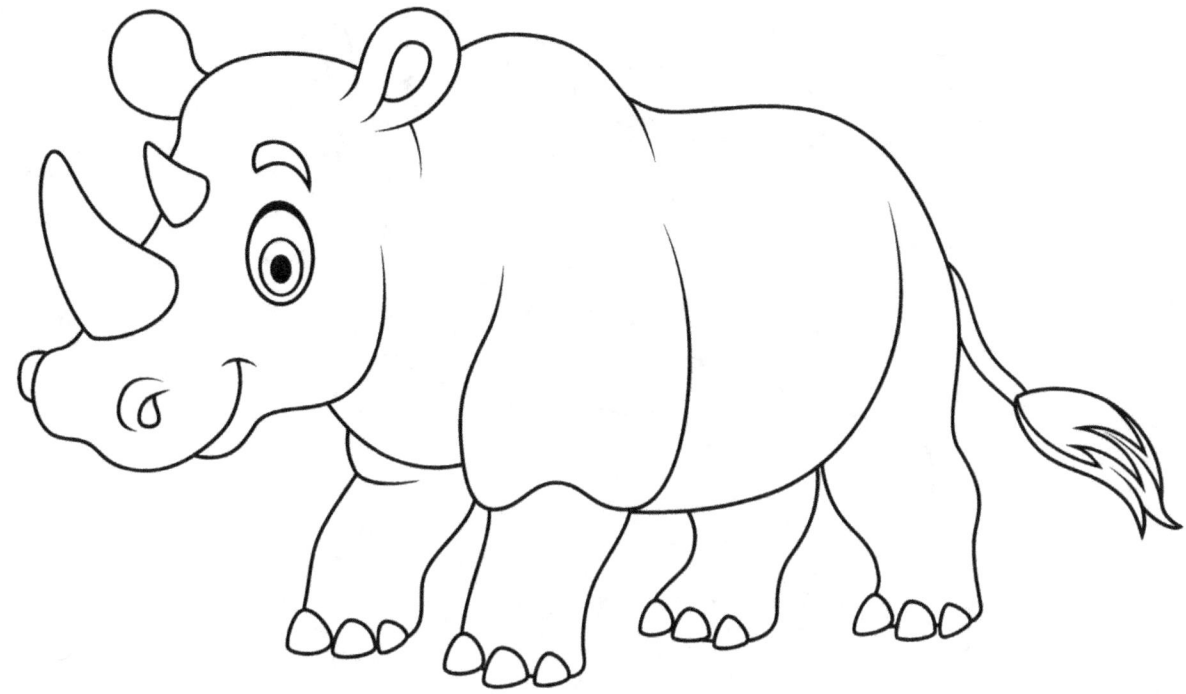

Rinoceronte

Rinoceronte

Roboter

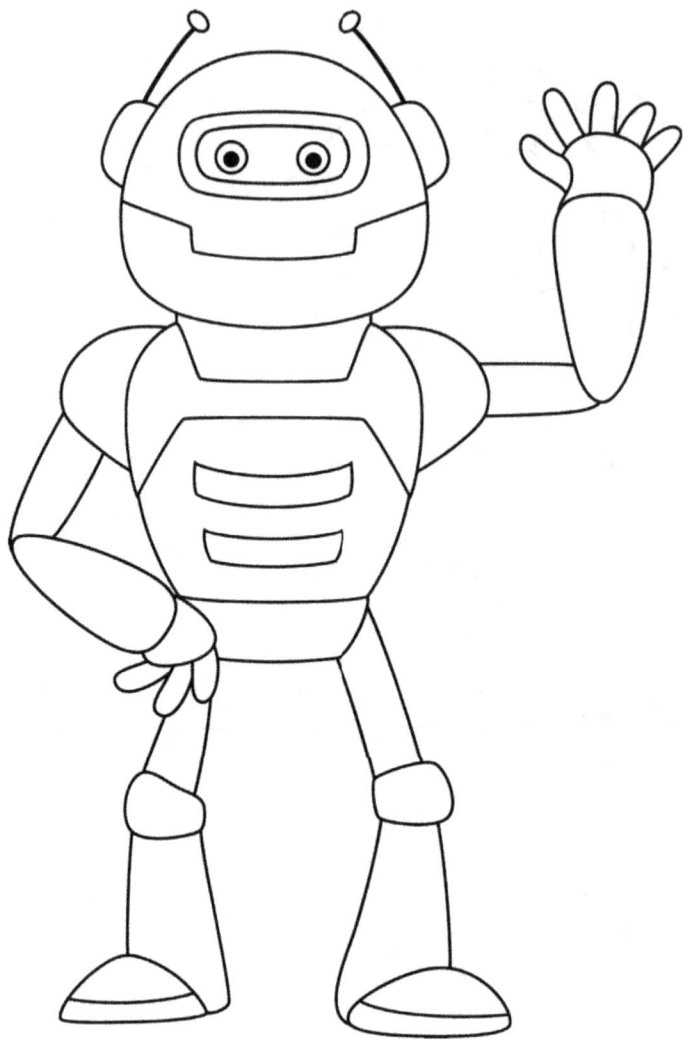

Robot

Robot
_____
_____
_____

Tiger

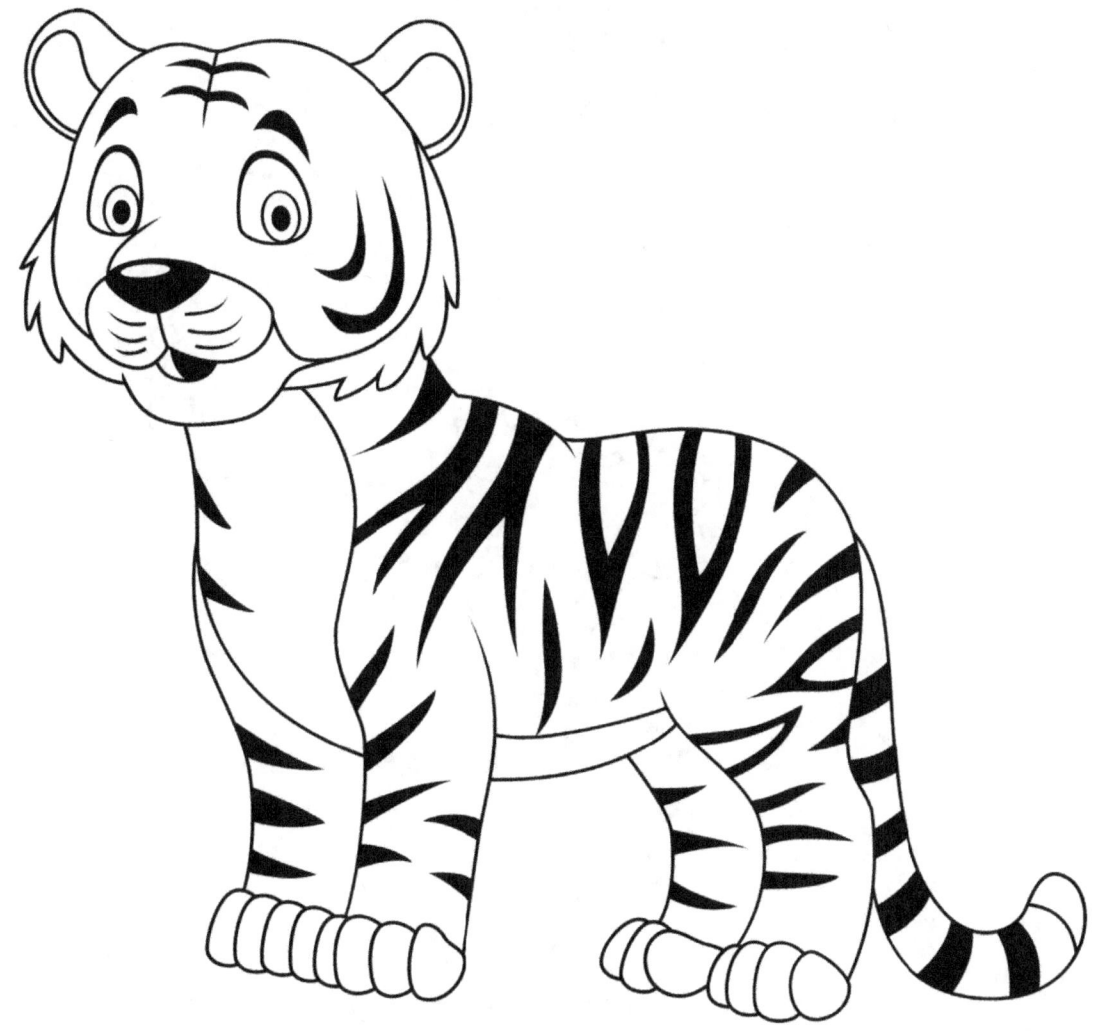

Tigre

Tigre
_____
_____
_____

Baum

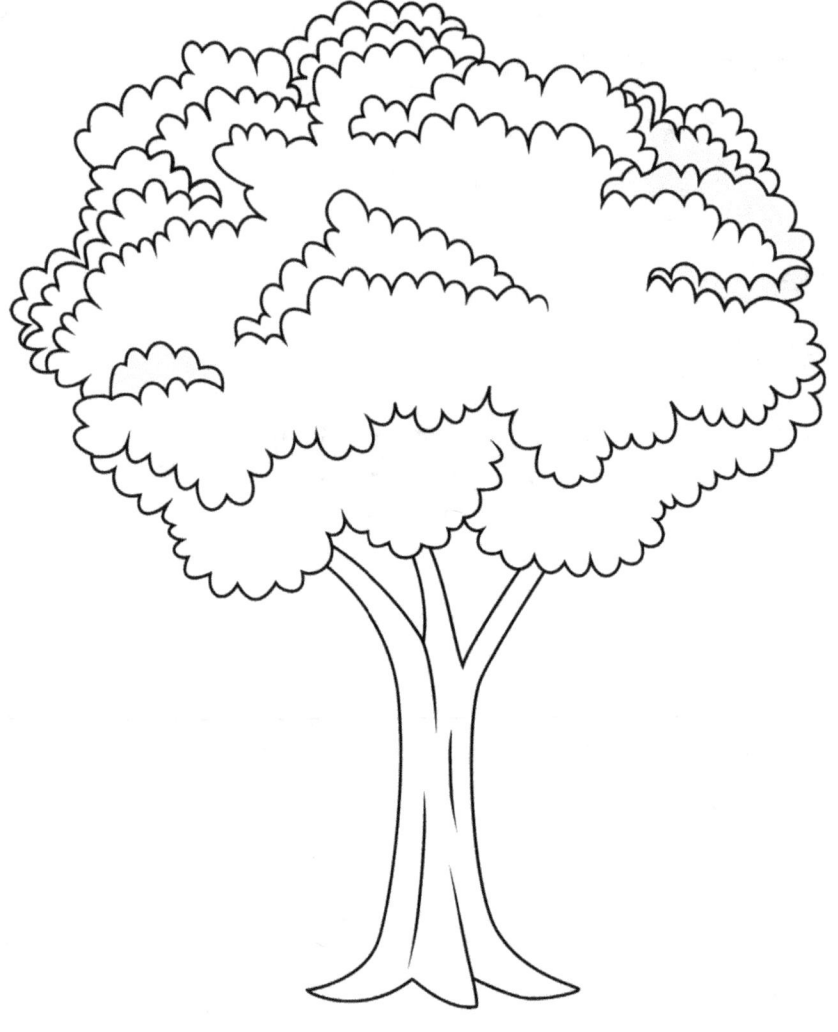

Albero

Albero

Nashorn

_inoc_ronte

Roboter

Ro__t

Tiger

Ti__e

Baum

Al__ro

Regenschirm

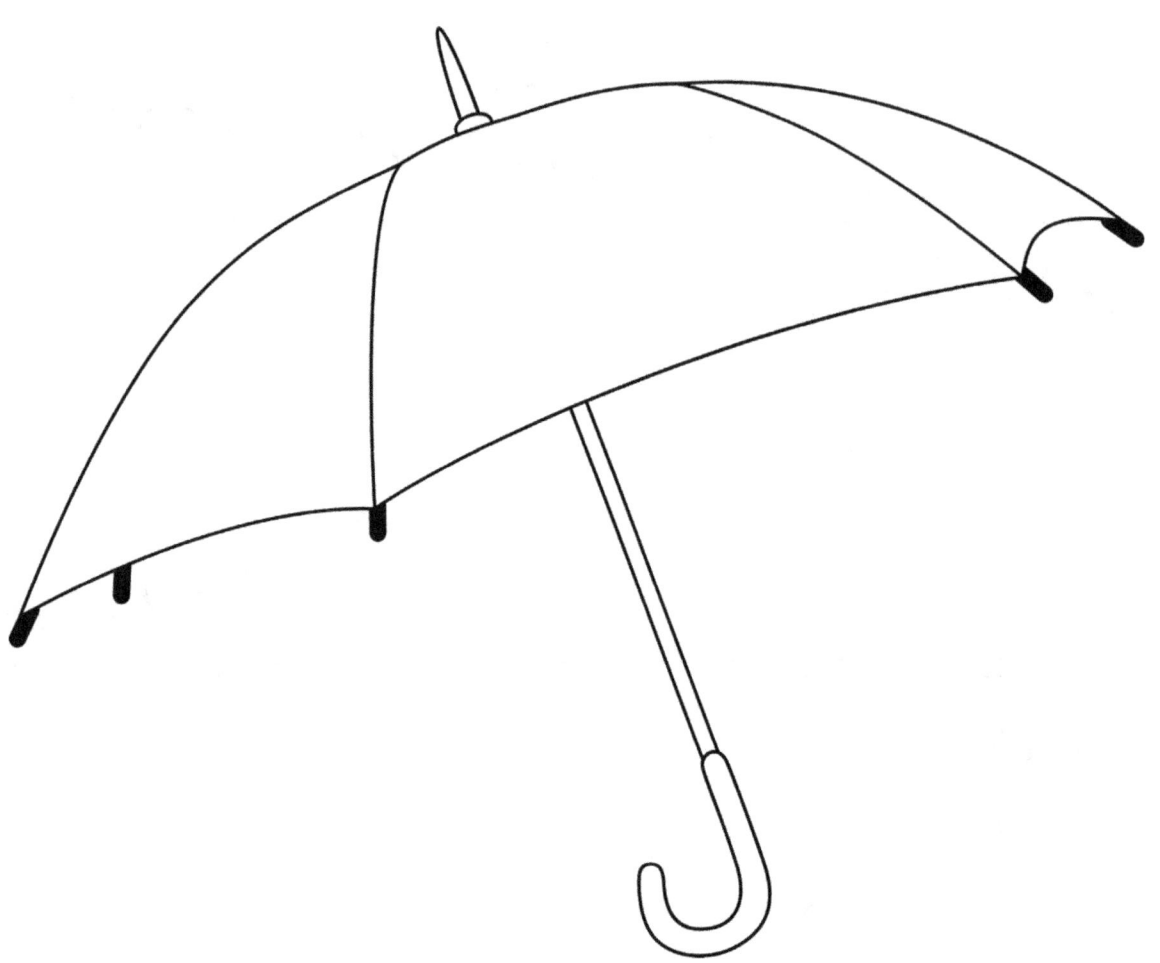

Ombrello

Ombrello

Seeigel

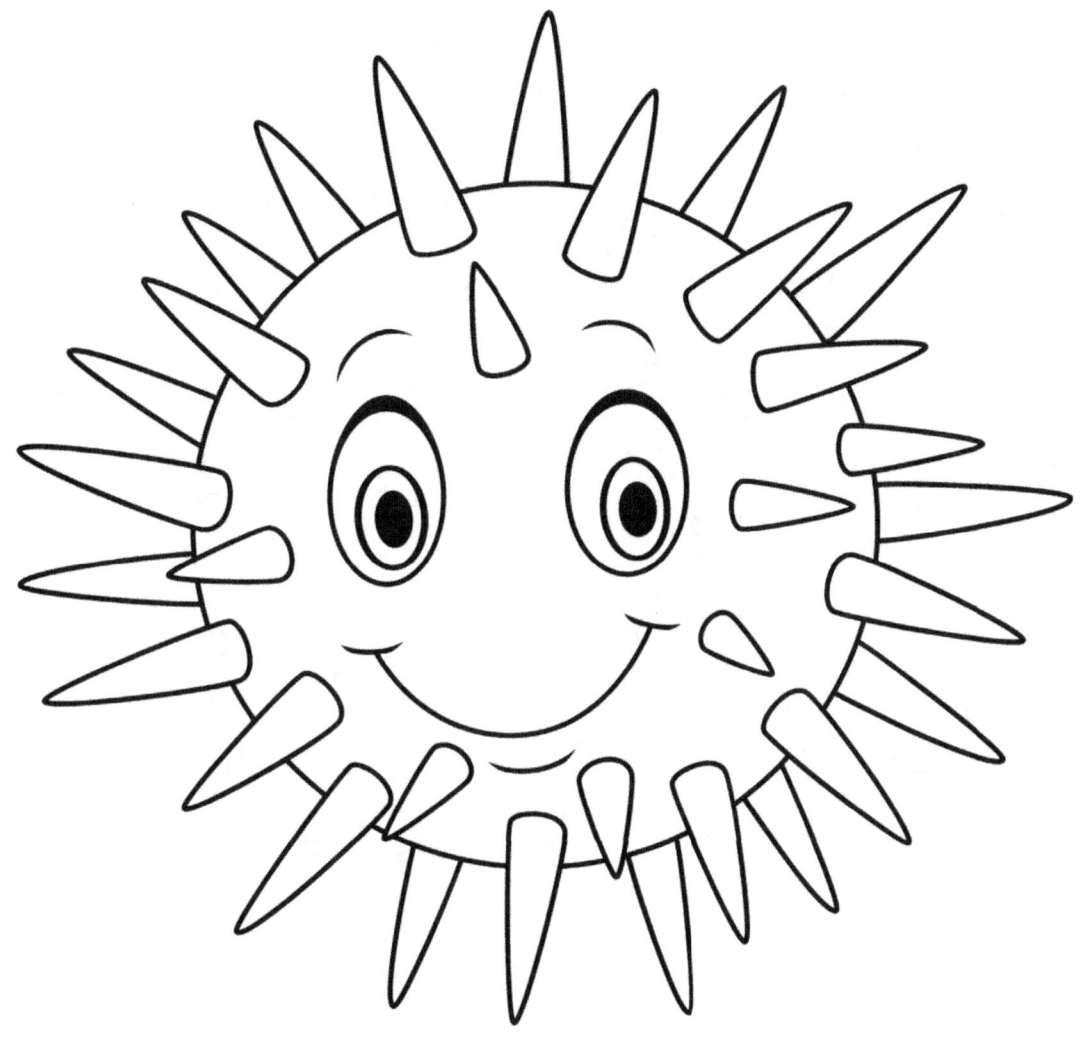

Riccio

Riccio

Sonne

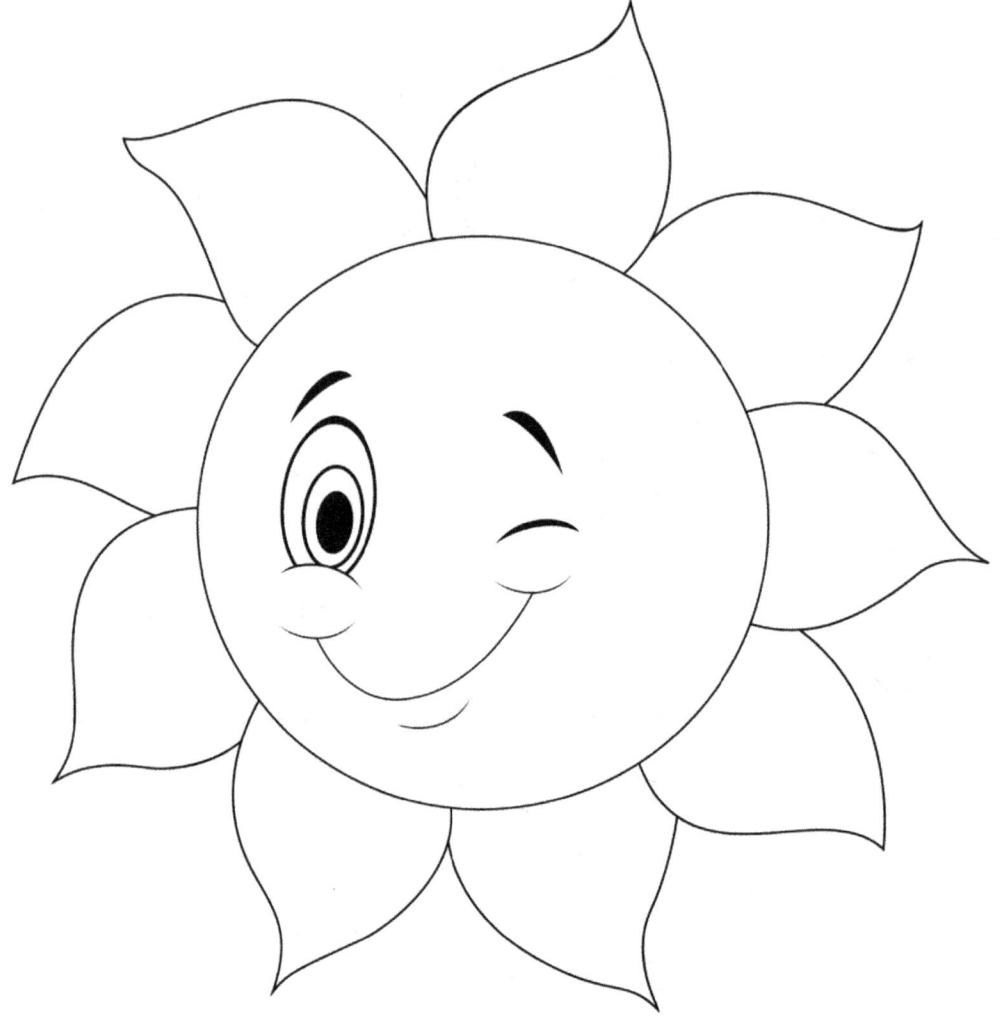

Sole

Sole
_____
_____
_____

Gemüse

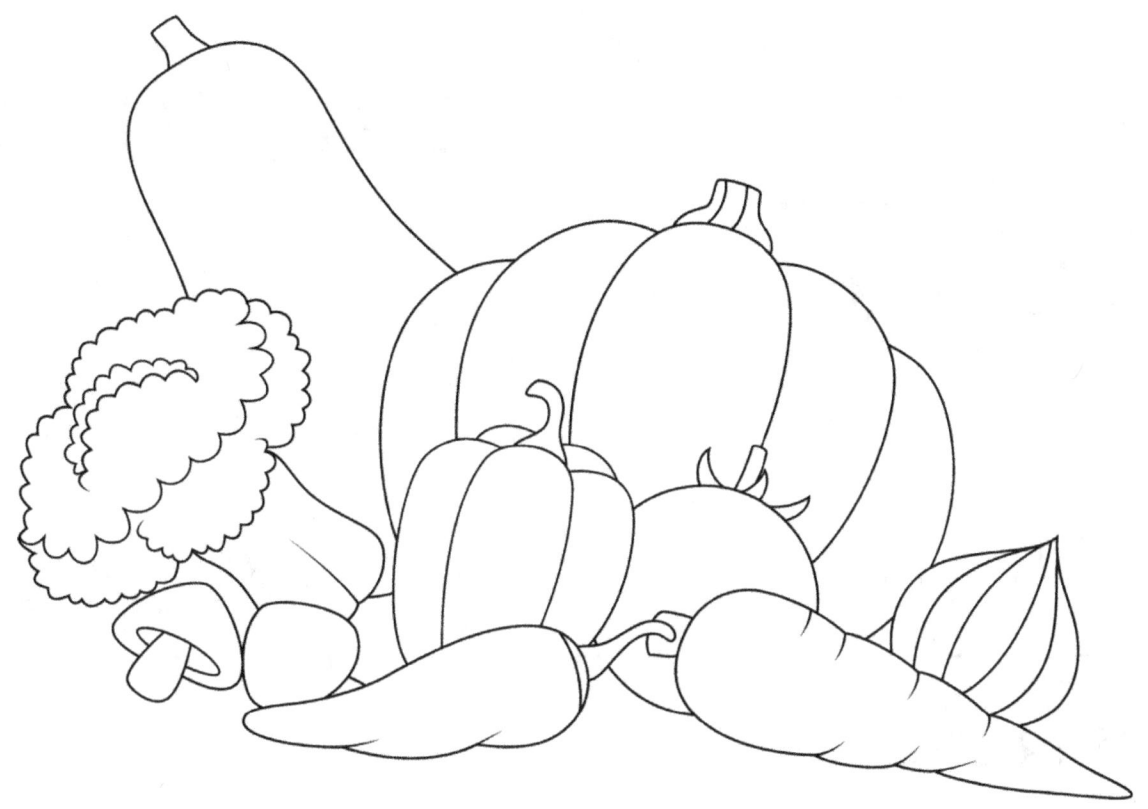

Verdura

Verdura

Regenschirm

Om_re_lo

Seeigel

Ri_c_o

Sonne

_ol_

Gemüse

V_rdur_

Vulkan

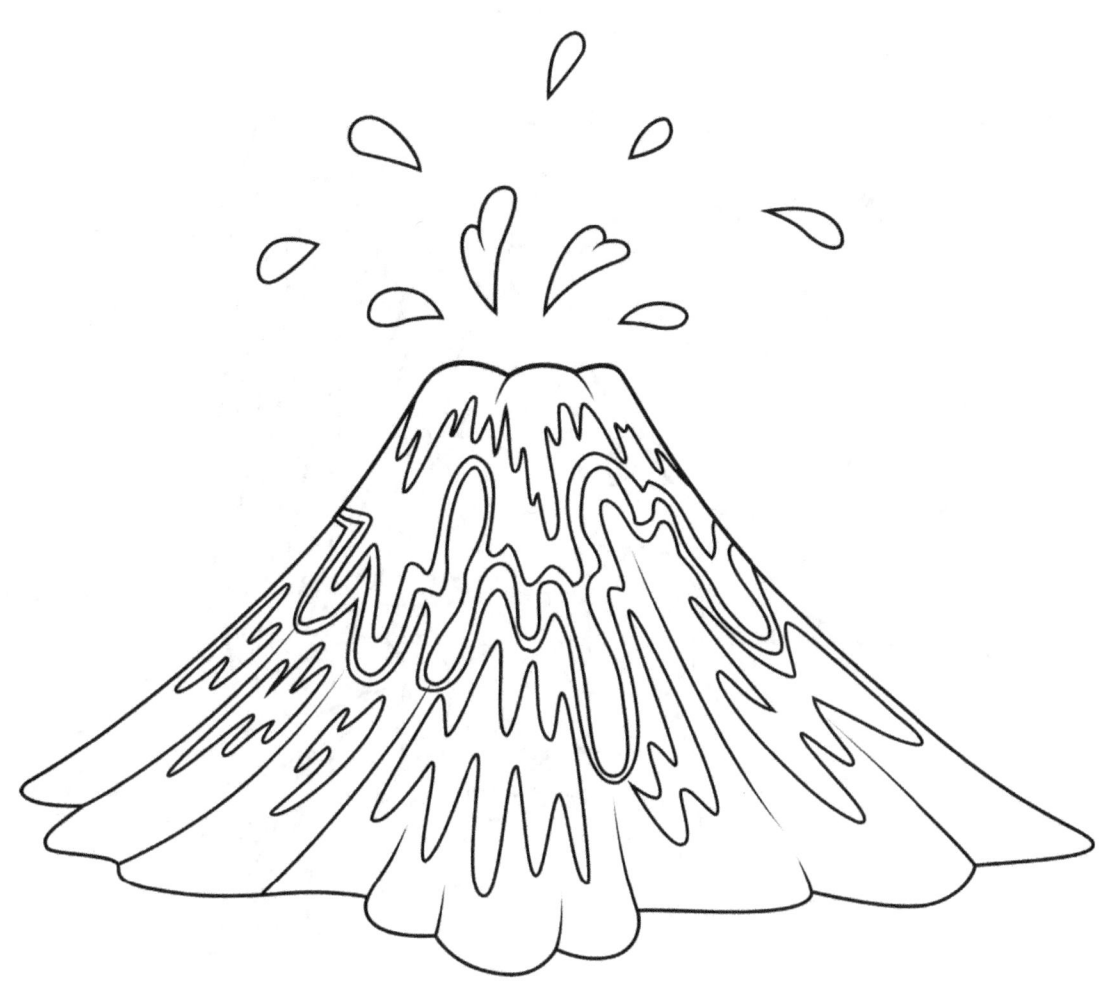

Vulcano

Vulcano

Geier

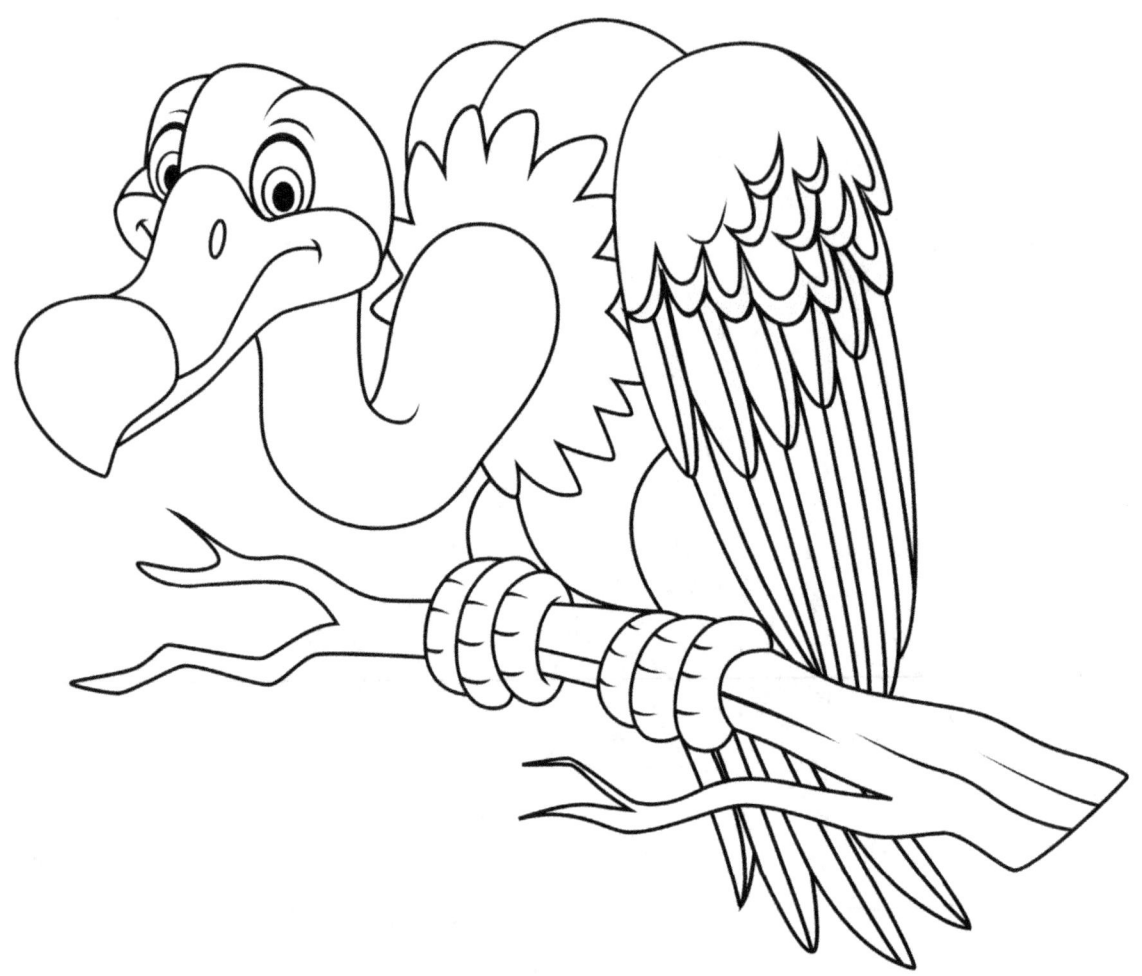

Avvoltoio

Avvoltoio
_____
_____
_____

Wassermelone

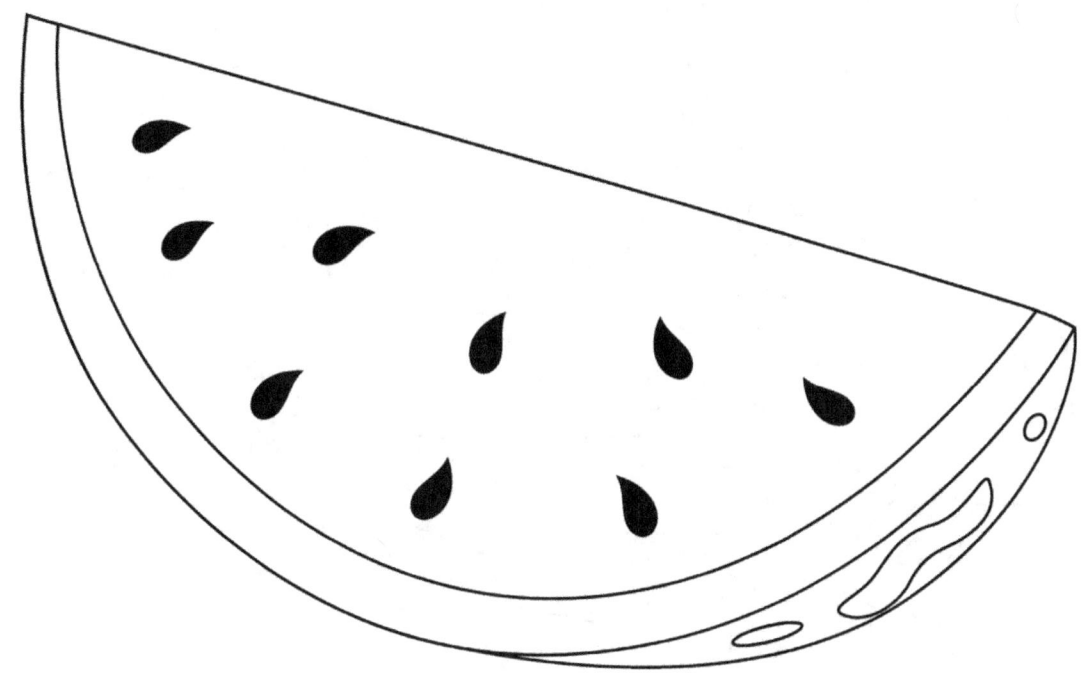

Anguria

Anguria

Wal

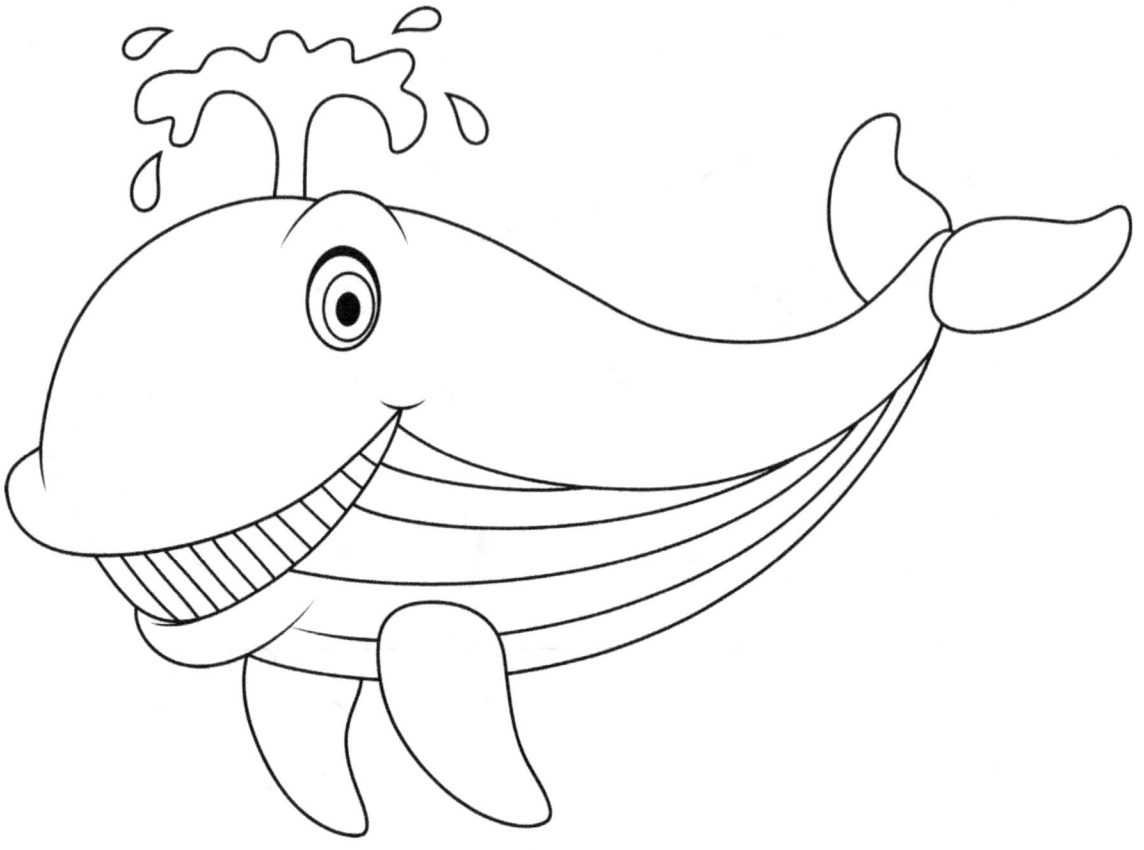

Balena

Balena

Vulkan

Vu_can_

Geier

Avv_l_oio

Wassermelone

Ang_r_a

Wal

Balen_

Fenster

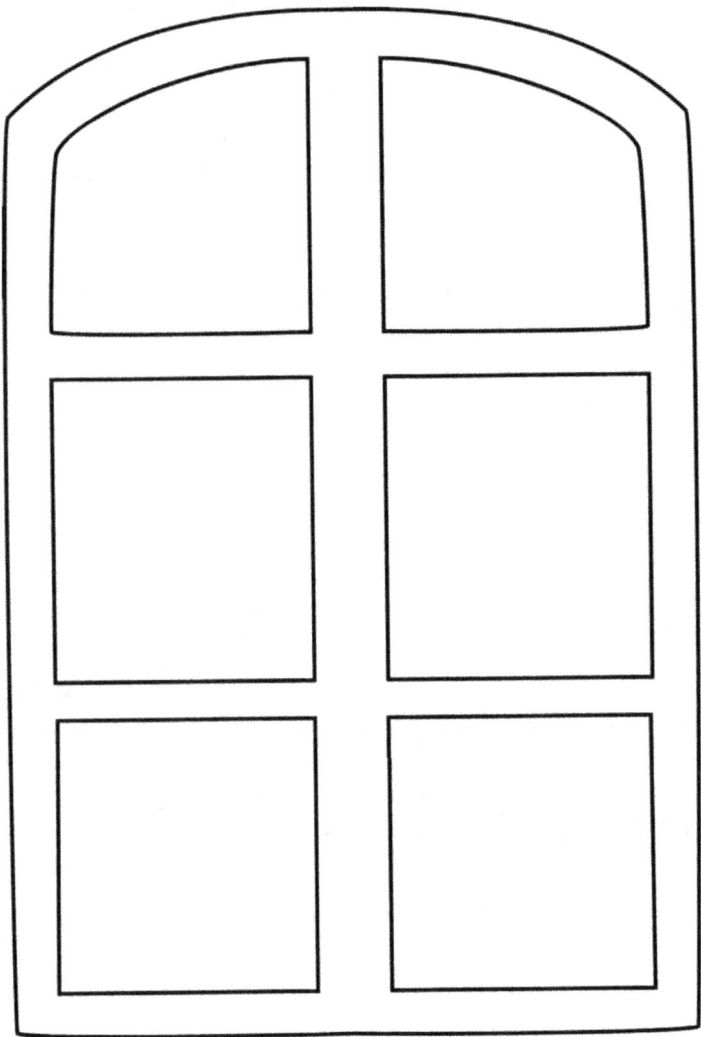

Finestra

Finestra
_____
_____
_____

Xylophon

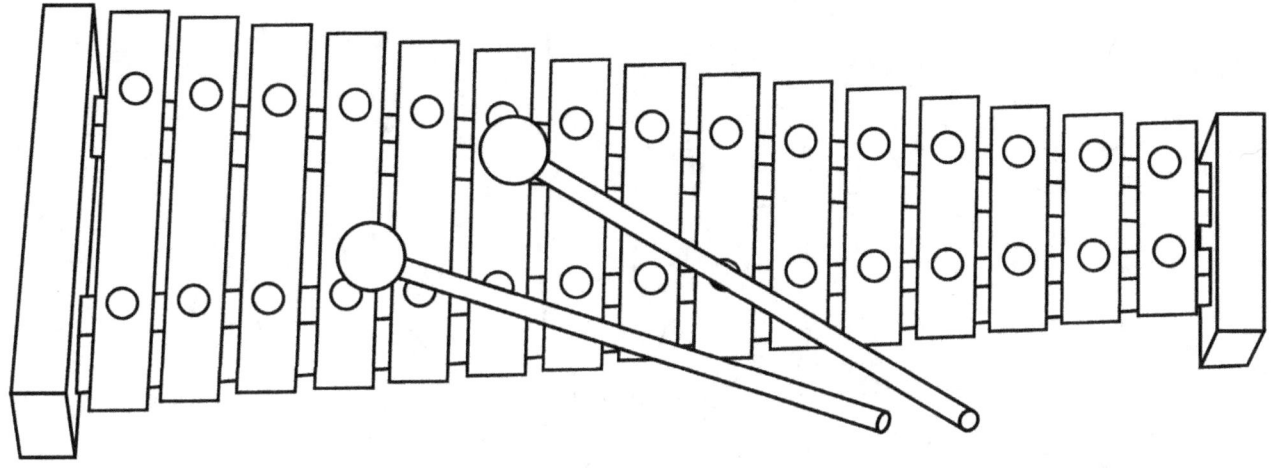

Xilofono

Xilofono
_____
_____
_____

Segelschiff

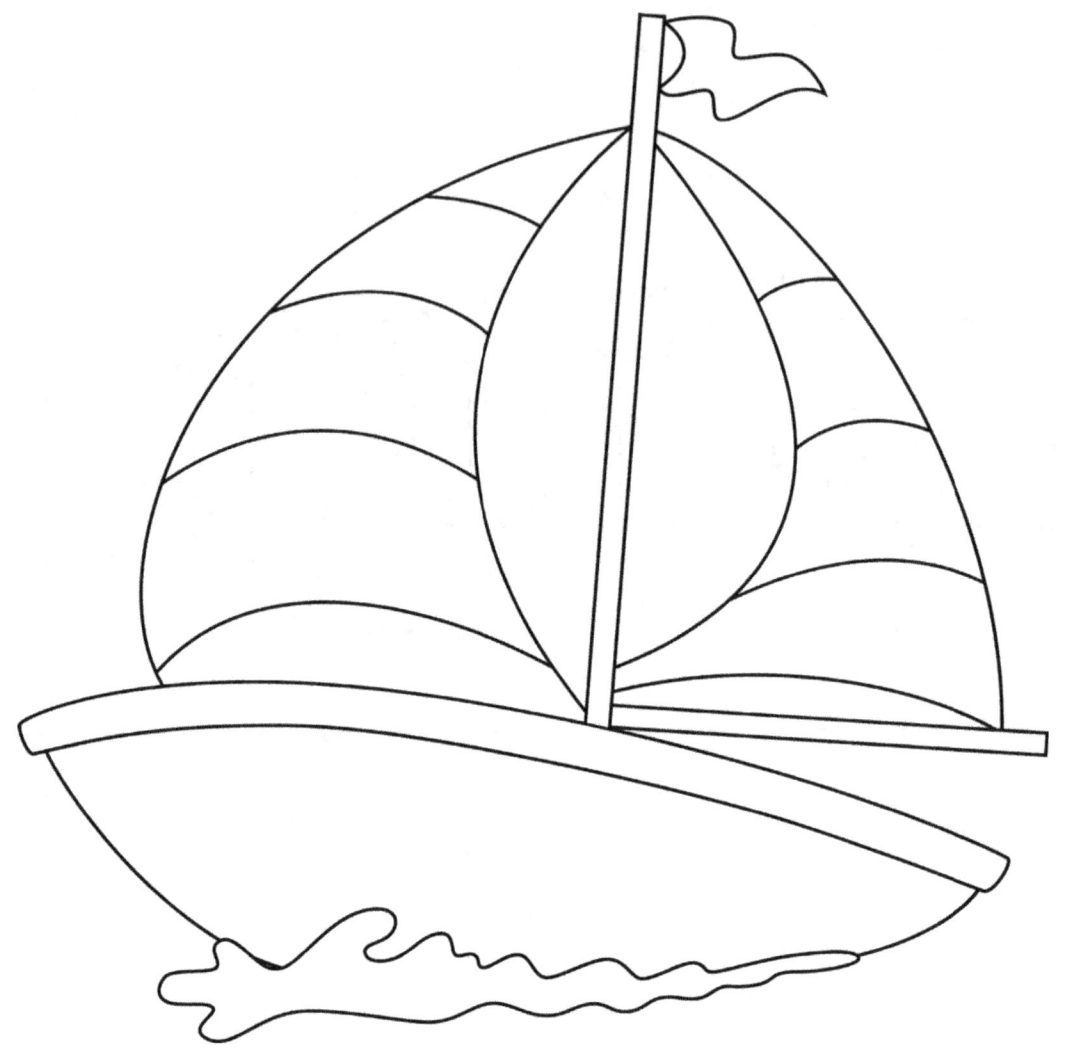

Veliero

Veliero
_____
_____
_____

Schneemann

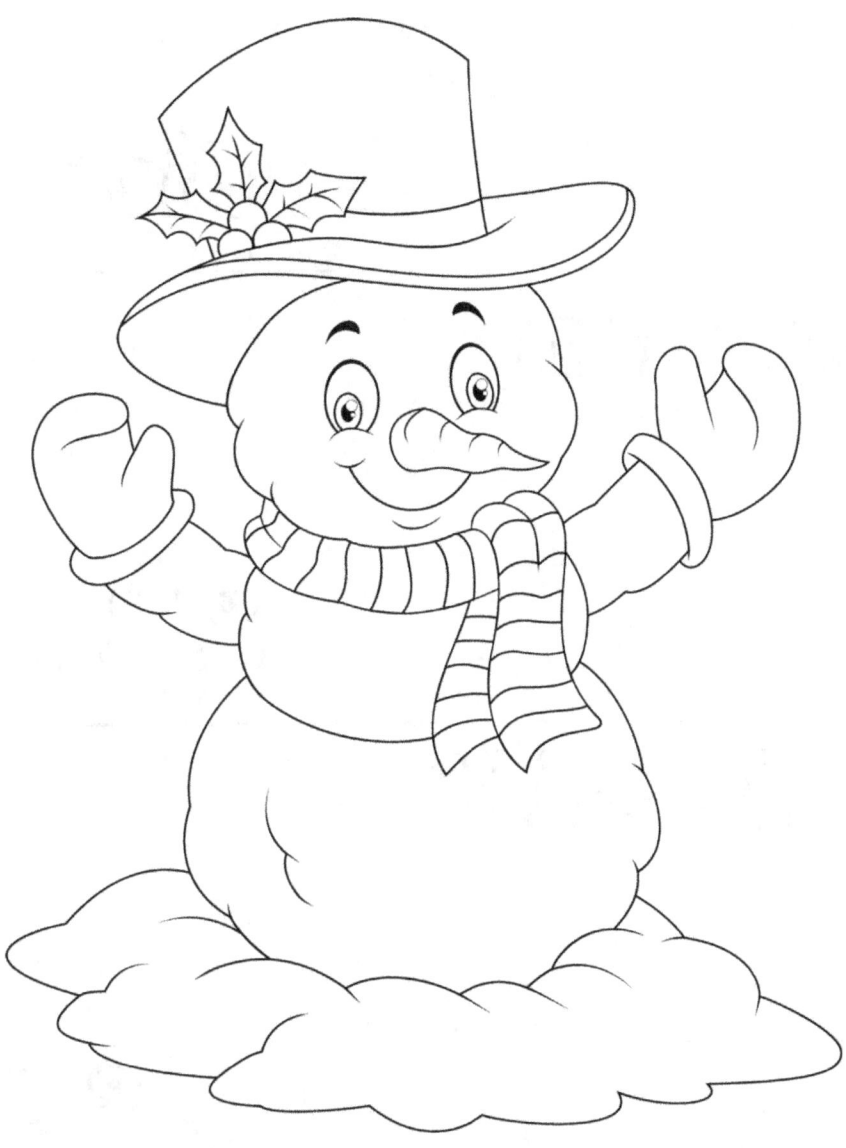

Pupazzo di neve

Pupazzo di neve

Fenster	Finest__
Xylophon	Xil_fon_
Segelschiff	_e_iero
Schneemann	Pu_azzo di ne_e

Joghurt

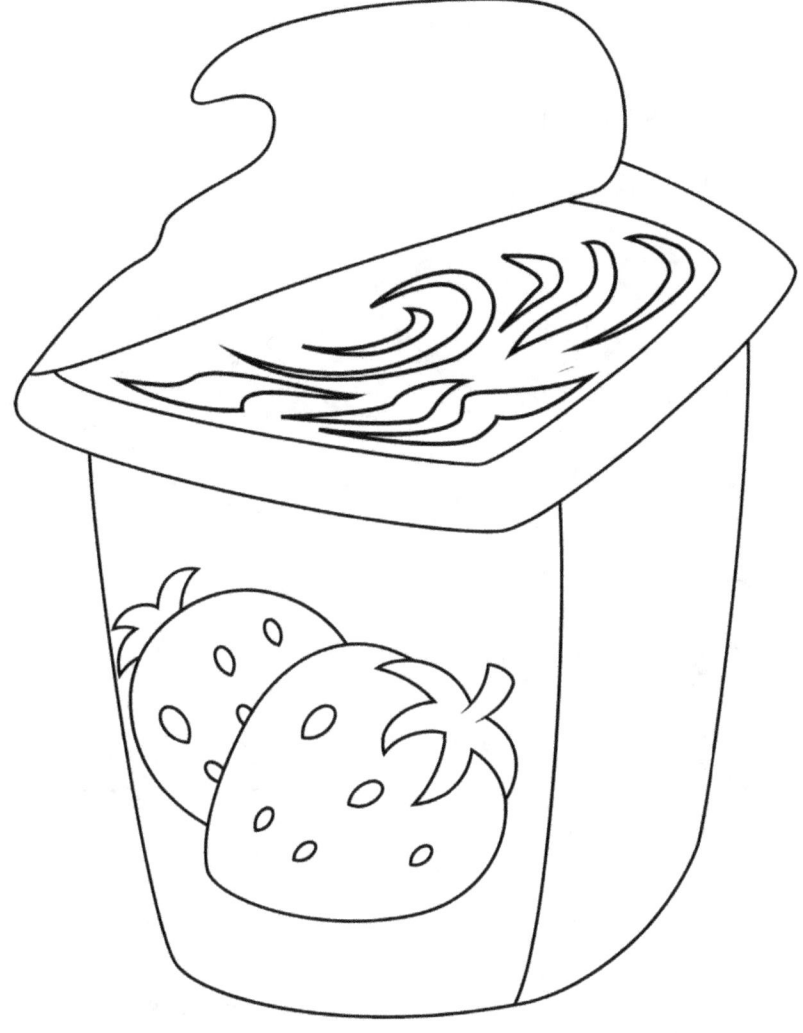

Yogurt

Yogurt

Huhn

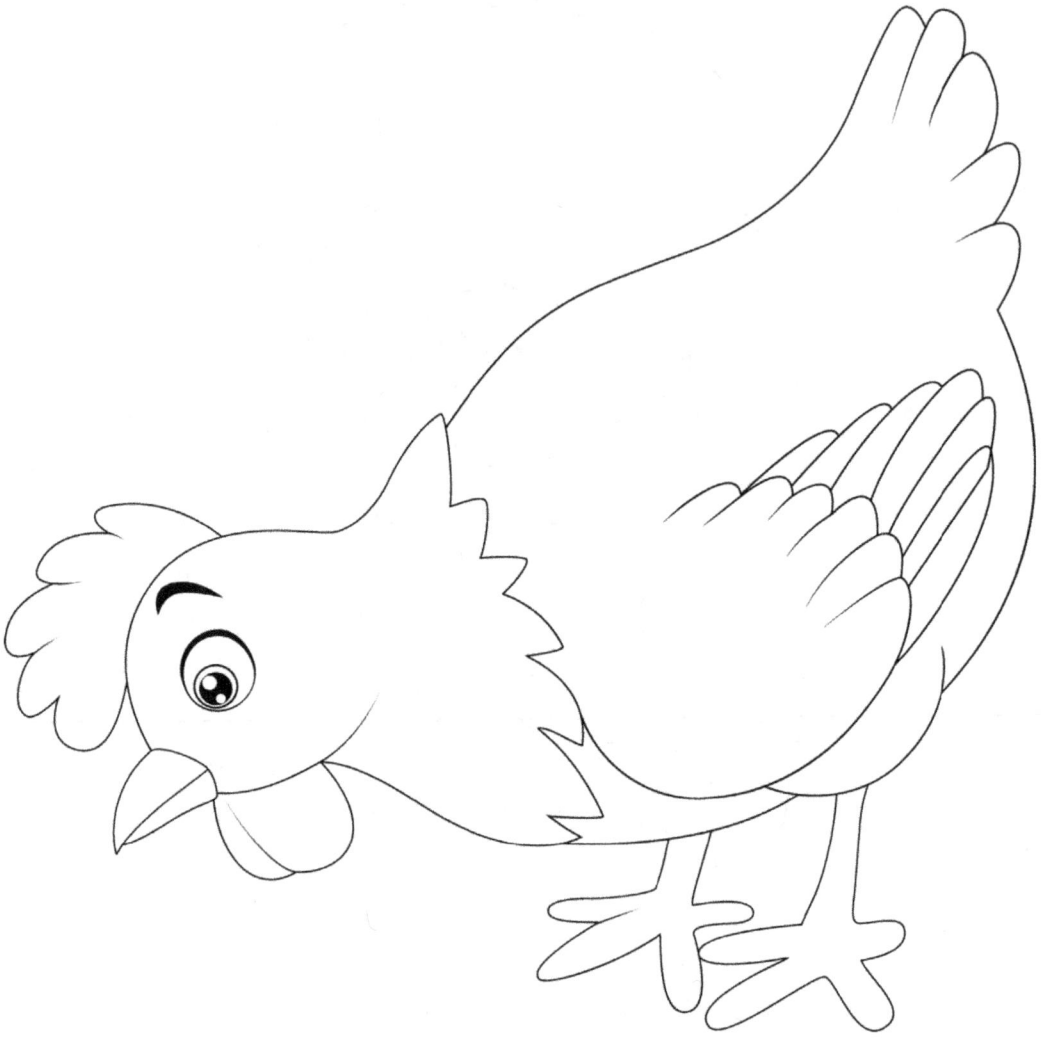

Pollo

Pollo

Schlüssel

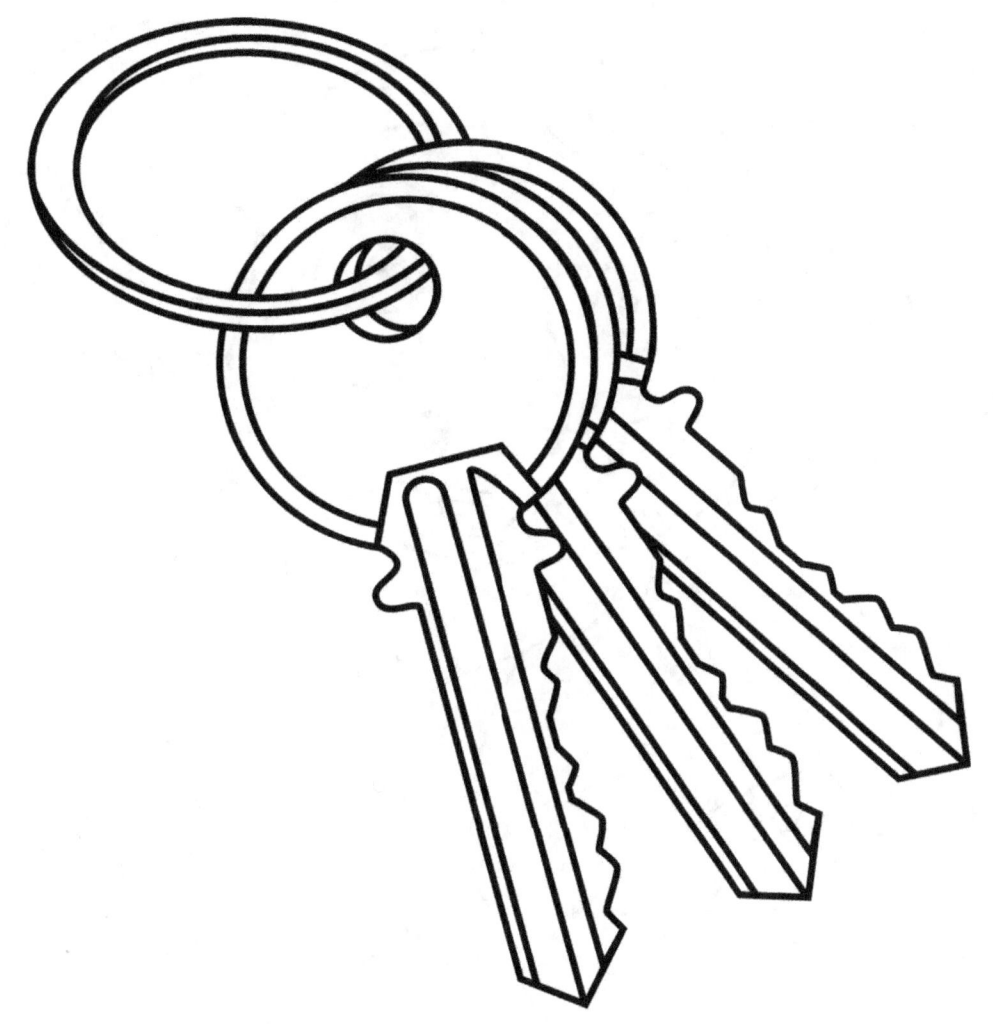

Chiave

Chiave
_____

_____

_____

Koala

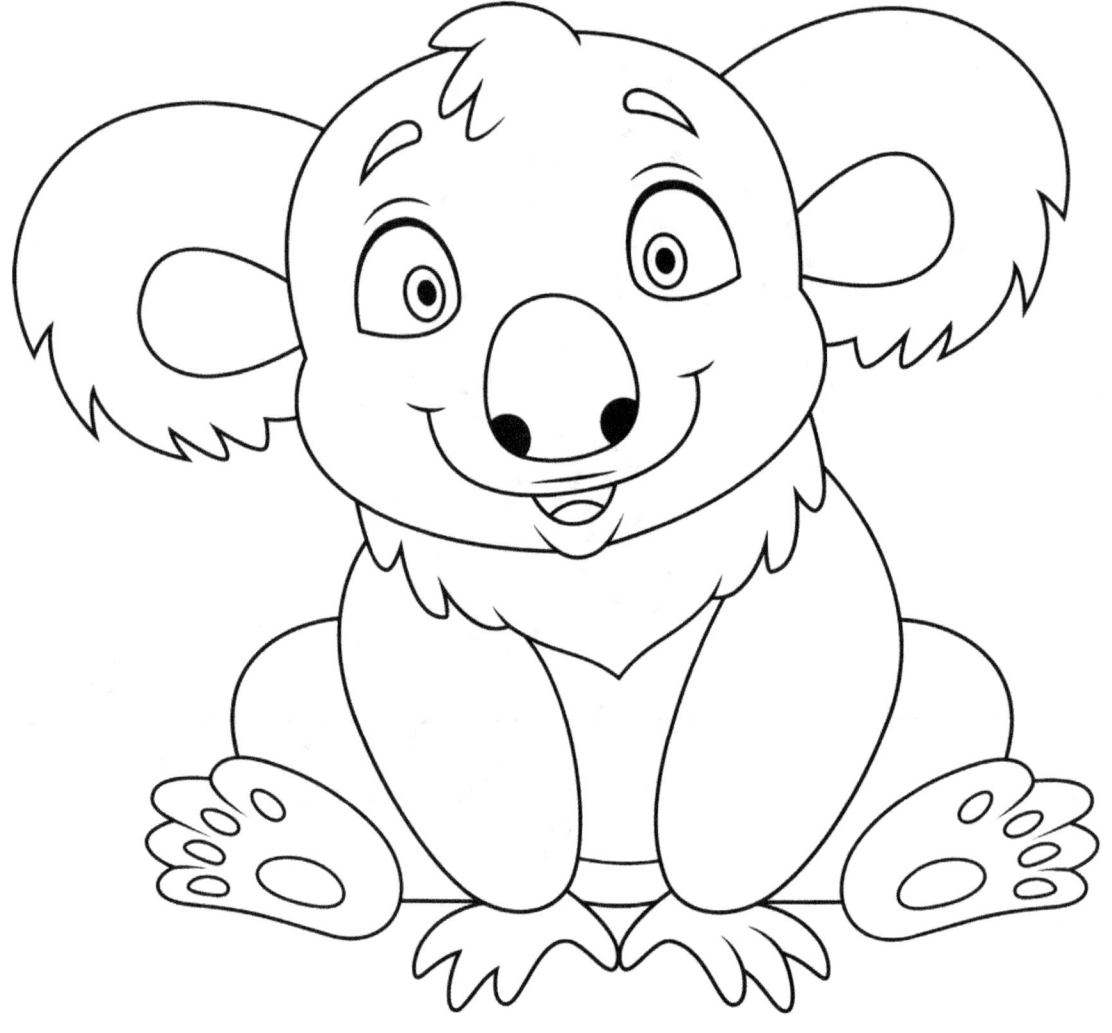

Koala

Koala
_____
_____
_____

Joghurt

_ogu_t

Huhn

Pol__

Schlüssel

Chi_v_

Koala

_oala

Ameise	-
Apfel	-
Raumfahrer	-
Banane	-
Bär	-
Buch	-
Auto	-
Katze	-
Mais	-
Hund	-
Donut	-
Trommel	-
Schnecke	-
Zebra	-
Elefant	-
Fisch	-

Blume	-
Fuchs	-
Giraffe	-
Brille	-
Weintrauben	-
Hamburger	-
Flusspferd	-
Haus	-
Eiscreme	-
Leguan	-
Ente	-
Jaguar	-
Marmelade	-
Qualle	-
Zeppelin	-
Kiwi	-
Erdbeere	-

Blätter	-
Lampe	-
Löwe	-
Affe	-
Maus	-
Fliegenpilz	-
Nagel	-
Pferd	-
Nuss	-
Krake	-
Orange	-
Eule	-
Stift	-
Torte	-
Schwein	-
Vogel	-
Königin	-

Feder	-
Hase	-
Nashorn	-
Roboter	-
Tiger	-
Baum	-
Regenschirm	-
Seeigel	-
Sonne	-
Gemüse	-
Vulkan	-
Geier	-
Wassermelone	-
Wal	-
Fenster	-
Xylophon	-
Segelschiff	-

Schneemann	-
Joghurt	-
Huhn	-
Schlüssel	-
Koala	-

© nerdMedia 2018

This work, including all its parts, is protected by copyright. Any use is not permitted without the author's consent. This applies in particular to copying, translation, storage and processing in electronic systems. Contact: Dirk Kolodziej/Peppermühl 9/48249 Dülmen/Germany info4us@nerdmedia.eu Cover design: nerdMedia Cover photo: depositphotos.com - Print Output Black & White: Amazon Media EU S.Ã .r.l./5 Rue Plaetis/L-2338 Luxembourg

www.ingramcontent.com/pod-product-compliance
Lightning Source LLC
Chambersburg PA
CBHW062332220526
45469CB00008B/2680